커피 재떨이

이호걸 지음

도서출판 청어

커피 재떨이

이호걸 지음

발 행 처 · 도서출판 청어
발 행 인 · 이영철
영　업 · 이동호
홍　보 · 천성래
기　획 · 남기환
편　집 · 방세화
디 자 인 · 이수빈 | 김영은
제작이사 · 공병한
인　쇄 · 두리터

등　록 · 1999년 5월 3일
(제321-3210000251001999000063호)

1판 1쇄 발행 · 2020년 4월 30일

주　소 · 서울특별시 서초구 남부순환로 364길 8-15 동일빌딩 2층
대표전화 · 02-586-0477
팩시밀리 · 0303-0942-0478

홈페이지 · www.chungeobook.com
E-mail · ppi20@hanmail.net
I S B N · 979-11-5860-838-5(04810)
979-11-5860-837-8(세트)

이 도서의 국립중앙도서관 출판시도서목록(CIP)은 서지정보유통지원시스템 홈페이지(http://seoji.nl.go.kr)와 국가자료공동목록시스템(http://www.nl.go.kr/kolisnet)에서 이용하실 수 있습니다.(CIP제어번호: CIP2020013925)

커피 재떨이

이호걸 지음

머리말

자영업자들은 그 어느 시기보다 어려운 시기를 맞았다. 더군다나 신종 코로나 19(우한 폐렴, COVID-19)로 사회 분위기는 심각한 공포감까지 조성되어 자영업자의 경영은 거의 마비 상태다.

카페 조감도는 사망자가 꽤 나온 청도에서 보아도 지리적으로 가까운 곳이다. 한 직원의 아버님은 청도에서 고기 집을 운영하시는데 언제까지 문을 닫아야 할지 모르는 상황이라 한다. 관련 당국에서 당분간 문 닫고 상황을 지켜보자는 통보를 받았다. 경산도 웬만한 가게는 거의 문 닫은 상태며 안 닫은 곳도 임시 휴업에 들어가겠다고 하는 곳이 많아 큰일이다.

하루는 이 책을 교정 보기 위해 기획사에 잠시 앉아 있었는데 가게 '임시 휴업'한다는 팻말을 코팅하려는 자영업자를 몇몇 보기도 해서 말이다.

이렇게 어수선한 시기에 그간 쓴 글을 몇몇 간추려서 한 권의 책을 묶었다. 굳이 머리말도 필요 없는 책이다. 가볍다면 참 가벼운 것이라 그렇다. 책 내용은 한 줄 글귀에 군말 같은 것이다. 커피 한 잔 마시면서 한 사람의 커피 생활상을 들여다보기에 괜찮을 것 같다.

경산 임당에서

鵲巢

차례

머리말 — 5

제1장 커피 — 9

제2장 가물거리는 달 — 73

제3장 벽돌들 — 109

제4장 작소진일록 — 283

제 1 장

커피

커피 1잔

긴 밤 지새우고 풀잎마다 맺힌 아침이슬처럼
바람처럼 왔다가 이슬처럼 갈 순 없잖아
모든 것을 싣고 모든 것을 건다는 건 외로운 거야

제1의 分店에서 에스프레소 한 잔
사자의 머리로
제2의 分店에서 에스프레소 한 잔
독사의 눈빛으로
제3의 分店에서 에스프레소 한 잔
무뚝뚝한 소의 걸음 걷다가
제4의 分店에서 에스프레소 한 잔
저돌적인 하마로 뛰어가는데
제5의 分店에서 에스프레소 한 잔
고독한 해바라기 되다가
제6의 分店에서 에스프레소 한 잔
섬뜩한 하늘 있고
제7의 分店에서 에스프레소 한 잔
몰랑한 하늘이 되었다가
제8의 分店에서 에스프레소 한 잔
산에 피는 더덕 꽃 보더니
제9의 分店에서 에스프레소 한 잔

졸졸졸 흐르는 물 한 잔 그립고
제10의 分店에서 에스프레소 한 잔
갈대 지나는 바람이 되다가
제11의 分店에서 에스프레소 한 잔
어느새 비운 구름 한 조각

이제는 하늘
하늘 그리며
本店

아! 작고
진– 하고 씁쓸하고 달고 짧은 에스프레소 이 한 잔

鵲巢言 서두 양희은의 "아침이슬"과 조용필의 "킬리만자로의 표범" 인용

 재떨이

커피 시작한 지 20년이 넘었다. 내가 커피를 시작했을 때는 인스턴트커피(자동판매기)가 최고조로 흥행할 때였다. 거리에 한 집 건너 자동판매기가 놓이고 그 자판기를 관리하면서부터 커피를 시작했다.

사실, 커피를 잘 알고 일을 시작한 건 아니었다. 그렇다고 기계도 잘 알았던 것도 아니었다. 무작정 일을 시작하면서 하나씩 배워 나갔다. 기계도 새롭고 커피를 가져다 드리게 되었던 거래처 사장도 새롭기는 마찬가지였다. 모든 것이 새로운 것이었지만, 그 새로운 것을 대하는 것에 두려움도 있

었지만, 내 주워진 일에 다만, 적극적이었음은 사실이었다. 지금도 새로운 것에 대한 망설임은 마찬가지다. 두려움을 적극적으로 껴안으면 설레는 일로 발전한다.

변화에 예외는 없다. 한 때 인스턴트커피가 오래갈 것 같아 보였지만, 사양 종목으로 바뀌고 어느새 원두커피가 유행하기 시작했다. 아마 90년대 중반쯤인 듯하다. 나는 2000년이 지나서야 이 원두커피를 대했지만, 어느 시기든 결코 빠르거나 늦는 일은 없다. 그 일을 대하는 내 자세가 중요한 것 같다.

커피를 알려고 책을 읽고 기계를 알기 위해 뜯어보고 이것으로 다른 사람을 도우고 그 속에 경험이 쌓이고 그 경험은 보다 나은 길을 모색할 때 일은 더욱 발전한다. 가맹사업도 이 속에서 일어난 일이었으며 가맹사업의 어려움은 커피를 어떻게 대해야 할지 또 알려주기도 했다. 카페리코에서 카페 조감도까지 말이다.

시 “커피 1잔”은 내가 커피를 어떻게 대하고 어떻게 흘러 왔는지 간략히 말해준다. 내가 쓴 시를 이렇게 풀어보는 일도 어쩌면 생업에 조금이나마 도움이 되었으면 하는 바람일 게다. 좀 부끄럽긴 하지만,

커피 2잔

나의커피가나의곁에서볶을적에나는나의커피가되고또나는나의커피의커피가되고그런데도나의커피는나의커피대로나의커피인데어쩌자고나는자꾸나의커피의커피의커피의……커피가되니나는왜나의커피를덜덜볶아마셔야하는지나는왜드디어나와나의커피와나의커피의커피와나의커피의커피의커피맛을한꺼번에맞추면서살아야하는것이냐

 재떨이

패러디 작품이다. 물론 시 "커피 1잔"도 패러디는 마찬가지다. 이 상의 시 오감도에서 착안한 것들이다. 그러고 보니까 내가 운영하는 "카페 조감도" 또한 시인 이상의 시집 오감도에서 가져왔다고 해도 지나친 말은 아닐 것 같다.

이상이 살았던 시대는 오자(誤字)가 흔해서 지금도 논쟁거리다. 조감도(鳥瞰圖)로 표기하려고 했던 것이 오감도(烏瞰圖)가 되었다는, 조鳥자와 오烏자는 획 하나 차이이다. 한자로 보면 말이다. 그건 그렇고,

이상이 썼든 시 "시제2호"와 단어만 조금 틀리지 거의 똑같다. 내가 써놓고도 한참 웃었다. 하기야 모든 전문가는 이미 존재했던 것에 모방에서 시작한다. 글을 잘 쓰고 싶다면 다른 사람의 글을 필사하는 노력만큼은 있어야 한다. 필자가 쓴 "카페확성기"라는 책이 있다. 현대 시인의 시집을 당시에 냈던 시집은 거의 읽고 필사하며 내 소견을 적었던 것이었다. 에휴, 인지 책을 논하기는 이것도 부끄러운 일이다. 그냥 막 살았다. 어떤 이의 진정한 평도 없었고 받고 싶은 마음도 없었기에 말이다.

나의 시 "커피 2잔", 커피 맛의 일관성을 말한다. 커피 창업 교육할 때 일

이다. 어떤 일이 있어도 어떤 특별한 일이 없는 경우는 될 수 있으면 커피가 자주 바뀌면 좋지 않음을 얘기한다. 손님은 그 집 커피 맛을 안다. 포항에 어느 거래처다. 사장의 말씀이다. 아~ 이 사장 커피를 안 쓰려고 한 때 다른 커피를 써보았지만, 안 되겠더라! 오랫동안 커피를 마시니 그 맛에 익었다. 물론 커피를 볶는 일도 최상의 생두를 선별하고 볶음정도도 근 20년 가까이 일관성을 지켰다는 것도 매우 중요한 일이었다.

커피 3잔

카페인을좋아하는사람은카페인을좋아하고알코올을좋아하는사람은알코올을좋아하거니카페인을좋아하고알코올을좋아하는사람은카페인을좋아하는사람을좋아하고알코올을좋아하는사람을좋아하거니카페인을좋아하는사람은카페인을좋아하고알코올을좋아하는사람을좋아하면되고알코올을좋아하는사람은카페인을좋아하고알코올을좋아하는사람을좋아하면되는것이다.

 재떨이

술 좋아하고 커피 좋아하는 사람도 있고 커피만 좋아하는 사람도 있다. 커피는 죽어라고 좋아하지 않는 사람도 있으며 다만, 술만 좋아하는 사람도 있을 것이고 그 어느 것도 좋아하지 않는 이도 있을 것이다.

술과 커피는 오랜 역사를 지녔다. 농익은 과일에서 술이 나왔고 염소들이 붉은 열매를 따먹는 것에서 우리도 그 열매를 맛보며 커피가 나왔다.

약간의 술과 적당한 커피는 몸에 아주 유익하다. 오타 기타로가 쓴 "커피 한 잔의 힘"을 읽어보면 커피 한 잔이 우리 몸에 미치는 영향을 알 수 있다. 커피는 보통 네 가지 맛이 있다. 단맛, 쓴맛, 신맛, 떫은맛이다.

이중 신맛을 좌우하는 글로리겐산은 항암 역할을 한다는 것도 그럴싸하게 읽힌다. 우리 고유의 음식 김치도 그렇다. 좀 삭히면 그 신맛은 최고조다. 생각만 해도 군침이 돈다. 미각을 돋우기도 하지만, 벌써 소화가 다 된 듯 느낌마저 든다.

나는 출근할 때면 늘 커피 한 잔을 내려 마신다. 뜨끈뜨끈한 드립 커피 한 잔은 새로운 세상을 받아들이기에 충분한 것 같다.

커피 4잔

바리스타가 뽑는

에•스•프•레•소•한•잔•은•짧•다
스•타•킹•보•다•양•말•이•좋•은
프•로•야•구•삼•성•구•단•광•팬
레•즈•비•언•도•게•이•도•아•닌
소•니•보•다•는•삼•성•이•좋•은
한•잔•은•짧•다•에•스•프•레•소
잔•과•잔•받•침•은•한•몸•이•다
은•행•나•무•는•마•주•보•았•다
짧•지•도•길•지•도•아•닌•인•생
다•비•워•버•려•야•할•우•리•들

추출抽出 30초秒

24 • 08 • 2011

이상以上 일급一級 지배인支配人 작소鵲巢

 재떨이

참 내가 써놓고도 좀 심했다. 그냥 말놀이다. 카페 한 이십 년 하면 지겨

울 때도 있다. 그때마다 책과 글은 좋은 벗이었다. 거저 10자씩 맞춰 내 인생관을 적어본 것이다. 에스프레소만큼 빠르게 추출하는 커피도 없다. 딱 30초, 순식간에 30년 가까이 흘러왔다.

지금 내 나이 50. 우리나라 민주화 과정 속에 그 한편의 커피 일을 지금껏 해왔으니, 누가 보면 참 대단한 일을 했다고 할 것이다. 그냥 소시민으로서 생존경쟁에 어쩌다가 살아남았거니, 어쩌면 이 글이 또 한 1년 더 살 수 있는 기회를 제공할지도 모르는 일이기에 시작한 글쓰기다.

또 순식간에 가버릴 에스프레소 한 잔을 위하여 말이다.

커피 5잔

무역회사에 다녔다 박봉에 달을 마시는 게 싫어 나는 나왔다 한동안 창공을 나는 독수리였다가 물에 빠진 생쥐였다 이력을 잊고 교차로의 인스턴트커피를 마셨다 공돌이의 책을 뒤적거리다가 기계가 손에 익었다 박봉의 구멍가게가 좋았다

하지만, 1년 지나 형은 꿈 찾아갔고 전에 본 생쥐는 아니었다 좁은 구멍 지나 총알은 아니지만 총알처럼 다녔고 총알처럼 잊었다 누나의 잠뱅이를 팔았다 성냥갑에다가 녹즙 걸고 삽을 잡았다

그래도 인스턴트커피가 그리웠다 봉고를 샀다 인스턴트커피로 다보탑과 이순신과 학을 모았다 한 뭉텅이의 퇴계는 하모니카를 잡았다 그러다가 IMF 지나 인터넷의 패총을 보았고 객장에는 파리만 날았다

쌈짓돈에 인스턴트커피가 싫었다 태양은 떴는데 달을 마셨다 그러다가 만난 원두커피, 지금껏 10여 년을 한 원두커피 큰 컵을 제쳐놓고 작은 컵에다가 몽둥이를 넣는다 몽둥이가 가슴을 친다 원두커피가, 원두커피가 빙빙 돈다

 재떨이

시는 비유다. 비유를 잘 쓰면 글 읽기가 재밌다. 20대 중반에서 30대 중반까지 내가 겪은 일이었다. 정말 무역회사는 박봉이었고, 인스턴트커피를

시작하면서 공고 학생들 교재를 어느 중고서점에서 사다 본 기억도 있다. pcb를 잘 모르지만, 인두기 들고 납땜도 해보고 멀티테스트기로 끊어진 단자를 찾기도 했다.

한 때 그 일도 그만두고 택시를 몰기도 했다. 총알처럼 다녔고 이건 아니다 싶어 총알처럼 그만두었다. 청바지 가게에서 잠뱅이도 팔아보고 아파트에 녹즙도 걸어보기도 했다. 막일도 했다.

그래도 커피가 그리워 봉고 차 한 대 사서 십 원짜리와 오백 원 더 나가 천 원도 모았다. 정말 돈이 되었다. 웬걸, IMF 지나 금융기관은 인터넷이라는 새로운 물결에 휩싸이고 그렇게 오래할 것 같은 자판기 사업도 접게 되었다.

적은 돈에 인스턴트커피 사업이 싫었다. 태양처럼 뜨고 싶었지만, 밤마다 달만 그리다 소주 한 잔 마신 기억도 있다. 그러다가 원두커피 사업에 뛰어들고 이 사업도 경쟁에 살아남으려고 무척 애쓰며 보낸 것 같다.

사는 동안은 고민이다. 영업력과 자본력, 이 둘 모두 갖췄다면 더 바랄 것도 없지만, 최소한 하나는 있어야 한다. 그간 영업을 꽤 했다. 지금 생각하면 좀 더 부지런하고 점 더 체계를 잡았으면 하는 바람도 있다. 그렇게 열심히 살았지만 말이다.

여기 경산만 보아도 우리나라 전체 커피 시장이 어떻게 가는지 알 수 있다. 하루가 다르게 새로운 카페가 들어서고 새로운 브랜드로 시장을 향해 항해를 한다. 내가 20년 했든 30년 했든 그게 중요한 것이 아니다. 늘 새로운 동력이 필요하고 처음처럼 노를 저을 수 있는 자만이 시장을 가를 수 있을 것이다.

어렵다.

커피 6잔

꿔다놓은 보릿자루 모양 생두 가마니 본다 10여 년 전, 고층아파트 즐비한 곳, 조그마한 상가 어느 구석진 자리에 학원 했었다 지금 둘째 녀석 만한 아이 모아 그림 그렸다 키가 별 차이 없는 생두 가마니 본다

겨울이었다 옆집 사시는 할머니 있었다 커피 한 잔 드시러 오시곤 했다 그 커피 한 잔, 맛이 있었던지 어느 호텔에 나가 진짜 맛난 커피 한 잔 마시고 오라는 것이다 그때 처음으로 눈처럼 하얀 모자를 보았다

거짓말 같이 인스턴트커피처럼 친했다 연말이었다 커피 볶는 소리처럼 우리는 함께 살았다 그 해 맏이가 생겼다 진짜 커피 마시겠다며 서울 몇 번 드나들 때 둘째가 나왔다 인스턴트커피는 점점 멀어져 가고 카페는 더 힘들었다 한 잔의 커피처럼 버텼다

그 후, 우리는 커피를 늘 함께 볶았다 커피처럼 살았고 커피만 좋아했다 커피 가마니의 지아비에 싫은 내색 한 번 하지 않았다

오롯이 커피라면, 커피 분쇄하듯 양날 그라인더로 불똥 튀길 때도 있지만, 모닝커피 한 잔은 잊지 않는다 지옥처럼 검은 세상, 커피 한 잔은 맑은 눈 갖게 한다 커피, 강한 죽음의 욕구 앞에서도 삶의 씨앗 같은 게 있다

鵲巢言 커피의 터키속담 인용: 커피는 지옥처럼 검고, 죽음처럼 강하며 사랑처럼 달콤해야 한다.

재떨이

결혼 생활도 어언 20년째다. 나는 결혼하기 전부터 커피를 시작했다. 총각 때 벌써 아파트를 준비했다. 물론 인스턴트커피로 장만했다. 지금 생각하면 운이 좋았다. 그 운도 근면성실이 있었기에 가능하지 않았을까! 아파트는 사업자금이었고 또 새로운 사업을 하는데 밑천이었다.

아내는 참 많은 일을 했다. 지금 생각해도 어떻게 그 많은 일을 했을까 의아하다. 두 아들을 키우면서도 커피를 볶고 내부 교육적인 일은 모두 처리했다. 바깥을 다루는데 부족함이 없을 정도로 말이다. 참 고맙고 미안하다.

아직도, 함께 걸어야 할 길이 많이 남았다. 지금까지 걸었던 것보다 더 길 수도 있겠다. 힘에 겨운 일이지만 새로운 것에 대한 두려움 없는 도전만큼은 있어야겠다. 깨지면 깨지는 것이다. 일단 부딪혀 보자. 그래도 딱 한 가지는 잊지 말며 가자. 고객에 대한 배려와 사랑만큼은 말이다.

커피 7잔

속 까맣습니다.

딱 한 번 맺은 씨방에 아직 싹 틔우지 못한 커피나무입니다.

속 까맣습니다.

누런 크레마가 덮지만, 얼마나 갈지 모릅니다.

속 까맣습니다.

많은 손때 묻어 씻겨 내려온 것이라 믿고 있지만, 그 한잔 피하지 못한 하룻길입니다.

속 까맣습니다.

산꼭대기 올라와 산 만들어 오르는 게 햇불 하나 없이 걷는 깜깜한 동굴입니다.

속 까맣습니다.

전등에 뛰어드는 불나방같이 노래합니다.

 재떨이

한 잔의 커피처럼 사람의 마음도 알 길 없다. 천 길 물속은 알아도 한 길 사람 속은 모른다고 했다. 사업은 혼자 하는 것이 아니다. 아주 작은 사업도 많은 사람과 연관되어 있고 여러 함수관계로 복잡다단하다. 그래서 커피처럼 검고 쓰기도 하다. 그래도 크레마처럼 황금빛에 놀라 전등에 뛰어드는 불나방이었다.

커피 한 잔, 정말 그 한 잔을 위하여.

커피 8잔

끝없는 태양과 달을 먹고 산다 아니 빛과 혈투를 벌이고 섬뜩한 날에 갑옷 하나 없이 내 놓인 몸뚱어리다 딱딱하다

빙하시대 크레바스 용케 지나온 길 아직도 눈보라가 칼눈이다 석회암층의 동굴이다 보이지 않는 물의 깊이에 거꾸로 단, 음표만 믿고 걸었던 바람의 길이다

하얀 돌산이 가지런하게 놓인 푸른 산맥 울울창창 놓인 곳 공룡 하나가 잡식성이다 풀과 남의 살점이라면 가리지 않는 거구

살아 있다 띄엄띄엄 날아드는, 번지가 뚜렷한 우주의 미아가 숨통을 조여도 살았다 지상 지척에 두었다 긴 목을 허공에 휘휘 젓는다

 재떨이

카페는 관심이다. 고객의 관심에서 벗어난다면 그 카페는 생명력을 다한 것이다. 카페만 그런 것도 아니다. 소비자인 고객께 진정성을 드러내지 못한다면 그 사업은 어렵다.

커피 교육과 더불어 창업한 사업주를 한 몇 년 아니 십 년 이상의 시간을 보내고 다시 들여다보면 이 길도 아니다 싶어 떠난 사람이 많다. 가끔 카페에 있으면 오시는 손님 통해서 그 집 문 닫았어, 하며 들을 때도 있다.

인생 전체를 보면 적자다. 아니, 사업 전체를 보면 적자다. 다만, 그 적자 폭을 줄여나가며 애 쓰며 가는 것이 사업이 아닐까 싶다. 마치 안 넘어지려고 발을 동동 구르며 가는 자전거처럼 말이다.

사람들은 늘 이 공룡을 바라본다. 새로운 것을 내놓으라고 숨통을 조이

기도 한다. 빙하시대처럼 크레바스 같은 길을 걸었다지만, 여전히 눈보라는 치는 것이다. 숨 턱턱 막는 일이 한두 일은 아닐 것이다. 그럴 때마다 의기소침하는 것보다는 앞을 좀 더 현명하게 볼 수 있는 채찍질로 여겨야겠다.

커피 9잔

키 백 센티, 두께 삼 밀리의 뱀, 까맣다 그녀의 이름은 "잠뱅이" 그녀는 제 살을 통과하는 다섯 개의 헐거운 눈을 가졌다 그녀는 15년을 풀며 조이며 살았다

그녀의 눈은 밤낮없이 세상을 보았고 바늘로 찌른 한 눈은 한나절 이상 헉헉거리며 삶을 조였다

쭈글쭈글한 살을 본다 그녀는 화석처럼 굳은 꿈 하나를 위해 울렁이는 경기 파동을 단단히 묶어야 했다 그녀는 한 번도 혁명한 적도 없거니와 국가를 벗어난 일도 없다 빛바랜 그녀를 본다

진득한 먹이사슬의 죽은 유기물을 뱉기 위해 풀고 조였던 그녀

삶이 한 줄 고민으로 내리는 이슬의 슬픈 울음을 혼자 들었던 그녀

말없이 한 허리에 메여 있는 그녀를 본다

대보름이 가까이 와 있다 삶을 그리는 그녀가 있다 바늘로 한 눈을 찌른다 한나절 조이며 잇자고 코오옥 찌른다

재떨이

지금은 이 혁대를 매고 다니지는 않는다. 예전 총각 때 일이다. 청바지 가게에서 아르바이트하며 얻은 혁대였다. 지금은 색이 바라고 쭈글쭈글해서 구석에 처박혀 있다. 더 좋은 제품과 가격까지 싼 게 많아 옆으로 밀렸다.

사람도 마찬가지다. 어느새 나는 늙었다. 하지만, 가게는 늙지 않기를 바라며 많은 것을 해왔다. 좀 더 풍부한 경험으로 좀 더 새로운 교육이 있었

고, 이에 창업이 있었다.

다시 혁대를 조여야겠다. 시대는 이미 더 많은 노력을 요한다. 일은 곧 즐거움이며 행운인 것이다. 어디론가 갈 수 있고 곧 갈 수 있는 곳이 있다는 것은 참 행복한 일이다. 즐겁게 혁대를 매자.

커피 10잔

아침이면 양문兩門을 연다 육六과 구九는 한 집이다 육六의 문 먼저 연다 잠시 스친다 구九의 문 연다 문 앞에 신문 집는다 詩 있는 면 펼친다 가볍게 읽는 詩가 되고 싶다 어떤 때는 그 속에 한 마리 새가 둥지를 틀 때도 있지만, 그 새가 그렇게 미워 보이지 않는다 마음 가득 담는다 육六에는 몇 명이 오가는 이 있고 마시는 커피 한 잔 있다 육六에서 구九로 가는 과정이 삼三 주週다 구九에서 일어나는 일은 모른다 새처럼 날고 싶은 욕망을 박하향 같이 느끼고 유탄처럼 빠지게 하는 곳이라는 것만 안다 귀갑이라고 하면 우스울까 딱딱한 사각四角 등딱지만 두드리는 것도 육六에서 하며 일一의 습관習慣이다 일一은 부족하다 부족한 것 알기 때문에 삼三을 향한 그리움만 담는다 삼三은 시침이 돌지 않는 분침이다 하지만, 채울 수 없는 그리움은 삼차원三次元에 닿는 음악音樂을 찾고 비행선飛行船을 잡는다 어둠이 문가에 내리면 삼三을 더 그리워하지만, 삼三을 위한 날개는 없다

 재떨이

몇 년 전에 일이다. 세차장 사장과 나눈 얘기다. 사장의 말씀을 듣고 있으면 세차장 경영이 어떻게 되는지 알 수 있었다. 가게 하나로 먹고 살기에는 어려워 하나를 더 냈다. 보통 동종의 업으로 가게 하나 내는 경우가 흔했다. 그래서 대표가 몇 개의 가게를 한다. 나도 그랬다. 직영점만 해도 몇 개나 되었다. 최저임금이 오르고 수지타산이 맞지 않는 경우가 생기니 가게는 하나씩 닫게 되었다. 제일 먼저 닿는 경비가 인건비다. 그 다음은 세금이다. 버는 수익보다 나가는 경비가 더 많았다. 몇 달 버티는 것도 힘든 상황일 땐

그냥 문 닫고 만다.

지금은 어떤가! 다 줄이고 하나만 제대로 경영하겠다고 다부지게 마음먹어도 힘든 시대다. 경쟁업체가 부지기수며 시장은 늘 진입하는 업체가 많아 골머리 앓는다. 전문성을 넘어 고객과의 밀착 경영이 없다면 정말 살아남기 어렵게 됐다.

정말 詩처럼 살고 싶은 마음은 어느 대표든 마찬가지일 게다. 글에 몇 개의 수가 있다. 구는 거꾸로 보면 육이다. 육은 더 성장하고픈 마음이다. 구는 새로운 길을 찾고 일을 구하는 마음이었는지도 모르겠다. 삼은 완벽의 수다. 노인이 지팡이로 짚고 서 있을 때 보다 안전한 것처럼 그 삼은 무엇인가!

내게 주어진 일을 하면서 그 삼을 찾는 것, 그것은 새로운 세계로 나가는 것 힘껏 노를 젓다 보면 찾을 수 있지 않을까! 혹 찾지 못한다 하더라도 무언가 했었다는 이 땅을 짚고 동동 굴러 보았다는 것, 그냥 가만히 죽지 않았다는 것, 말이다.

커피 11잔

초저녁이었어 젊은 라커 둘 카페를 찾았지 그들이 주문한 커피, 카푸치노
힘 세 보이는 라커 잠잠한 라커,
삶은 커피 한 잔 쪽쪽 거리듯 빈 찻잔 놓았다
그래 한 번 살아봐 흐르는 음악처럼 가진 않아
커피는 어느새 비우고 엉덩이는 무겁다
무엇이 그리 궁금했을까? 힘써 보이는 라커 나를 향해 활시위 당긴다
여기 커피 맛은 잊지 못하겠습니다 어디 가도 이만한 커피 맛보기 어렵죠
이파리가 그립고 사랑도 그립지만,
근데, 한 시간여 동안 앉아 화살 꽂는 라커,
그래서 한마디 했지
거미줄이었어
고든무어의 날실과 메트칼프의 씨실 엮어, 집 짓는 방법 얘기했지
요즘 젊은이는 넷상에서 만들 듯 하지만 사람이 하는 일이잖아!
만나지 않고서는 깊게 만들 순 없지
먹은 것 있으면 게워 내야 해, 적극적이며 주도적인 행동이 필요하지,
구심점 잃으면 안 돼, 계속 돌아
돌다 보면 바람도 견딜 수 있는 탄탄한 철근 같은 집 생기지 그래 해봐!

 재떨이

이 글을 쓴 때가 15년 전이었다. 다섯 평짜리 가게였다. 밤늦게 오신 손님이다. 우리 가게는 어쩌다 손님이 있는 조용한 카페였다. 골목길 으스스한

거리에 밤은 캄캄하기까지 해서 무슨 등대처럼 있었다. 그게 직영점이었고 본점이었다. 아무것도 없었다. 그런데도 나는 자신감이 있었다. 마치 수많은 가맹점을 낸 본부장처럼 그렇게 어쩌다가 오시는 손님과 대화를 나누며 있었다.

그러고 지내면서도 사실, 위 글처럼 그렇게 일을 했다.

정보의 혁명을 얘기했던 고든 무어, 뒤에 황 선생께서 그 간격을 좁혔지만, 우리가 대하는 일은 무섭게 변화했다. 메트칼프의 네트워크 승수효과는 틀린 말이 아니었다. 처음 한두 집 내는 게 어렵지 몇 집 생기면 그물처럼 움직였다. 그것도 한 때였다.

이제는 마음을 다스려야 하지 않을까! 힘든 티를 내지 않으려면 말이다. 내가 아직 움직이지 않는 이유는 힘이 없어서가 아니라 아직 남은 힘이 있기 때문일 게다. 마음을 다스려야 한다.

가만히 주어진 밥을 먹는 게 아니라 찾아 나서는 행동 말이다. 정말 등대처럼 움직이는 시스템처럼 홀로서기가 되어야 할 것이다. 바람도 견딜 수 있는 탄탄 철근 같은 집이 아니라 바람에 날아 갈 수 있는 실낱같은 희망을 언제나 뿜을 수 있는 나, 그건 남이 아니라 나, 적극적이며 주도적인 행동 말이다.

커피 12잔

초가 본다 박 넝쿨 지붕 덮고 애박이 본다 마당 옹지 본다 달만 동그랗다 물고기 여남은 머리 본다 마당가 나무의자 본다 천하대장군 지하여장군 본다 서성인다 주인장께서 달빛을 느꼈는지 문 연다 담벼락 본다 죽은 나비가 둥근 달에 앉는다 소슬한 달빛 파릇하다 초가 본다 주인장 본다 주인장도 파릇하다 아내가 에스프레소 한잔 뽑는다 땅 둥근 달 소파 위에 있다 대낮이다

 재떨이

하루에 잠은 몇 시간 자는 것이 가장 좋을까! 온종일 잠을 청해도 개운하지 않은 것이 있고 단 몇 분 청한 단잠이 머리를 맑게 하는 경우도 있다. 꿈속에서 거닐어 본 세계관이다. 우리는 잠시 아주 잠깐 여기에 머물며 있는 것은 아닐까! 인류는 몇 천 년 아니 몇 만 년을 통해 거듭 진화해왔다. 아니 지적설계로 다듬어진 것이 인간이라고 하는 설도 있다. 그나저나 시간은 우리가 측정할 수 없을 만큼 우리에게 존재했으며 또 놓여 있다. 깊은 잠은 어떤 것일까! 구름을 타며 비가 되었다가 또 돌이 되기도 하고 해변의 모래알로 처얼썩처얼썩 닿는 파도를 느끼며 나무를 그리다가 어느새 내 우듬지에 튼 둥우리를 보고 있지는 않을까!

커피 한 잔을 마시며 깊은 잠을 꿔 본다.

커피 13잔

오래전에 꽤 오래전에 마음에 담아 놓았던 돌이 있어 그 돌을 눈물로 다듬어 놓고 아주 오래 나와 함께 하였는데 북성에 사시는 아재 그 아재는 나와는 대동에서 이미 끈이 닿아 있었고 또 예전에 북성에서도 잠깐이나마 함께 한 아재 그 아재의 도움으로 그 돌이 저 먼 데 금천으로 시흥으로 굴러, 굴러갔다

며칠이 지나도 소식 없어 잘 지내나 하고 있었는데 비 많이 오다가 또 말간 날이다가도 또 비 많이 오던 날 까치는 검단에서 날고 있었는데 시흥에 간 돌이 모양새 좋지 않았는지 밉보인 점 있었던 게다

한 이틀 전에 그 돌을 만진 아재가 시건방진 그 아재가 긴 울음소리에 가슴으로 젖다가 예전에 함께 한 야그들 즉 북성에 사시는 아재와는 각별한 사이로 그때 야그로 웃음꽃 피워 그 울음소리 달래고 그 돌의 특성을 차근차근 야그하고 어떻게 하면 나은 것인지도 야그하였기에 그 아재가 알만도 했을진데 다음 날 그 돌이 또 발작을 하였던가보다

저 먼 데 시흥에 산다는 그 아재는 여러 번 나를 불렀는데 가지 못한 마음이라 그 돌을 다시 물어가란 것이었다

사정은 딱히 되었지만, 다시 다듬을 수는 없고 해서 상황을 보아 드려야 하기에 돌만 몇 십 년 다루는 곳이 있는데 이는 가지 않는 곳이 없는 똘마니라 그곳에다 사정을 야그하였더니 그곳이 어디냐 하며 야근야근 물어 사 상냥하듯이 그 돌이 있는 곳은 시흥이라 하였더니 가까운 곳이라 한다

나는 고민하다가도 다시 제멋만 찾기를 기다리는 것이었다 그러고 하루가 지났다 똘마니는 그곳에 가 그 돌을 잘 다듬어서 제멋을 갖게 해주었다

그러고 한 문자 날아든다 국민은행 12345-67-89012 정 아무개 십이만 냥이외다 수고하시구려 그러고는 한 문자 날린다 고맙소 자정 넘기지 않을 것이외다

 재떨이

우리는 어떤 돌을 만들고 어떤 돌을 갖고 싶은가! 그 돌은 진정 교환가치는 있는 것인가? 우리는 예부터 희귀하고 값진 것을 소유하고 싶었다. 그것은 어쩌면 비상시 요긴하게 쓸 수 있는 비상금 같은 것이 될 수 있었고 또 내 필요한 것과 맞바꿀 수 있는 어떤 물질이었다.

인간은 참 묘하다. 천 년이 지나도 썩지 않는 그 어떤 것을 좋아하며 꿈꾼다. 한 평생 지녀도 그 양에 차지 않는가 보다. 때로는 아무런 가치 없는 것에 목메며 있는 이도 있고 아무런 논쟁거리도 되지 않는 일에 신경 쓰는 일도 있다.

메슬로우의 욕구 5단계, 경기 좋지 않을 때는 먹고사는 일도 버거운 것이다. 에휴~ 거저 편안히 커피 한 잔 마시며 저 먼 데 시흥의 소식만 듣고 싶은 것도 어쩌면 조그마한 꿈이겠다. 돌 하나 참하게 다듬는 것보다 돌도 못 되는 일에 앉아 궁리하는 것보다 그러고 보면 완벽한 커피 한 잔을 위해 지금껏 일하는 것인지도 모를 지금 이 순간도 깨우치지 못한 이 우매한 돌은 또 어쩌나!

돌대가리다.

커피 14잔

까아치가 하필 천 년 넘은 무덤가에 앉아 있을까 하며 곰곰 생각했네 까아치 아마 그 옛날 산신령께서 좋아하셨던 가야국의 '김옥분'이라는 소실을 압독국 왕비로 삼았던 게 그 연유일지도 몰라

압독국 그 왕비께서는 이 임당의 산과 물을 꽤 좋아하시었네만 어느 해 도화 필 때쯤일 게야 무릎에 작은 종기 하나 생겼더랬지 별 대수롭지 않게 여기다가 그만, 그 종기 하나 잡질 못했지

산신령께서는 얼마나 애 닳도록 눈물 흘렸는지 몰라 눈물은 흐르다가 남천을 이루었다지 산신령 또한 제명 다하지 못하고 왕비가 좋아했던 이 임당을 지키고 온 것이라네 그때 죽었던 왕비가 나의 할머니로 환생한 것은 아닐는지

왜냐면 그때 가야국에서 가지고 온 이름으로 평생을 사셨기 때문이지

까마귀 많은 동네에 살았는데 어느 날 눈이 펑펑 오고 살 에는 바람 부는 날이었지 그날 하염없이 추위 잊고자 두꺼운 담요 하나 덮고 잠자고 있었는데 산신령께서 부르는 것 아닌가 임당으로 오라는 것이야 그 부름 받은 해 이곳에 작은 방 하나 얻어 발붙이고 살 때부터 할머니께서 뒷바라지 해주었지

내가 어느 둥지에 발 디딜 때 하늘의 부름 받고 가셨지만, 또 얼마나 지났을까 창가에 무심코 앉아, 내리는 가랑비 보고 있으며 가신 할머니 생각하였는데 마침 할머니께서 오신 겐가

물끄러미 바라다본 까아치와 하도 오래 눈을 마주하였던 게야 까아치의 선명한 눈을 아직도 잊지 못하지 아마 할머니는 까아치로 환생한 것인지도 몰라 그때 이후로 까아치라는 이름으로 살고 있는지도 모르지 저 너른 하늘

그리며 말이야

재떨이

우리 민족은 삼족오를 숭상했다. 동이족의 풍속이다. 그 뿌리는 저 몽골 지방까지 오른다. 이는 솟대문화로 잇기도 하고 저 아래 동네(일본) 축구단의 가슴팍에 심벌로 박기도 했다.

시대는 바뀌었고 우리의 염원은 예나 지금이나 크게 변한 것은 없어 보인다. 하늘을 유유히 날며 자유를 만끽하고 싶은 마음은 아직도 그대로이니까!

카페 조감도, 이 카페를 들어서는 것은 아주 큰 문을 지나야 한다. 대문에 솟대 같은 새 세 마리가 남쪽을 바라보고 있다. 따뜻한 지방, 우리의 마음이다. 굳이 그 지방만이 지방일까! 마음이 따스하고 잠시라도 편안한 어떤 장소, 소도라고 하면 우스운 이야기일까! 그런 카페가 그리웠다.

하여튼, 새가 참 많은 동네임은 틀림없다. 지금도 출근하면 꿩은 여사로 보니까!

커피 15잔

출렁거리는 파도처럼 차[車]는 울산 바닷가로 간다 꽉꽉 짜인 시침과 분침 선득선득 잘라먹고 엎드려 미끄럽더라도 바다에 간다 산과 들과 내가 바쁘게 지나간다 바다가 눈앞에 놓인다

하나씩 지운 모래가 이미 빽빽한 일정의 횟감 고른다 뒷골목 어시장, 횟집 들어가 방석을 놓고 무거운 발 꿰고 앉았다 한때는 팔팔하게 목숨 부지하며 유영遊泳했을 핏기 없는 살점이 한순간이다

죽어서도 바다가 그리웠을까! 모래사장 걷다가 밀려오고 나가는 파도소리 듣는다 저 바다가 얼마나 힘 조이고 또 풀었던가! 한 점, 살점마저 묵직한 물살 가르듯 오르는 핏기 앗! 바다다

파도에 쓸려오고 나가는 모래를 밟고 바다를 본다 십오 년 물길 젓다가도 바동거리는 바다 그 한 모금을 마신다 바다는 참 넓다 횟감마저도 귀감임을 탁탁 치는 죽은 살점이 파도 타고 오른다

 재떨이

집을 나서는 순간 죽으러 간다는 말이 떠올랐다. 집은 늘 안식처였다. 잠시잠깐 머물며 내가 살아 있음을 확인하는 장소였다. 그런 집을 갖추려고 어쩌면 평생 일하는 것인지도 모른다. 보다 안정적인 기반을 갖고자 말이다. 가맹사업도 본점이 좀 더 안정적이었으면 하는 바람이 하나둘씩 냈던 것은 아니었을까!

모든 것이 네트워크다. 가만히 생각하면, 이런 그물을 잘 짜는 사람이 있다. 일을 처음 시작하면 우선 나를 위해 일하다가도 조금 나아지면 우리를

생각한다. 우리가 믿을 수 있는 가치가 되고자 심벌이 나오고 브랜드가 나온다. 그리고 마케팅이다.

물건을 파는 것이 아니라 그 가치를 판다는 것, 곰곰 생각해 본다. 신뢰할 수 있는 가치는 무엇인가? 다른 것과 구별이 되는 건 무엇이며 얼마만큼의 혜택이 주어져 있는지 말이다. 정말, 상대가 뭘 원하는지 그것을 잘 꿰는 사람이 있다. 그것을 잘 챙기는 사람은 영업에 귀재다.

한 톨의 모래알로 바다를 대하는 마음이다.

커피 16잔

사람은 도전을 어렵다고 말하나 아니 생각지도 않으며 왜 시도하지 않나 나는 이런 어려운 것을 다그치듯이 앞에 있는 이에게 전도하고 있나 먹고 사는 일이 부끄럽기는 매 한 가지인데 무엇을 그리 생각하나 전도는 인제 그만 모든 것 거꾸로 뒤집으라

전도는 인제 그만 전도는 뒤집으라

어찌 이 세상에 나와서 하는 일 실수 덩어리며 수습하기 어려운 일로 가득하다는 것을 모르나 뒤집으라 나는 앞에 서 있는 이에게 다그치고 있는 것이리라

머뭇거리고 있는 이에게 다그치고 있는 것이리라

전도는 인제 그만 모든 것 거꾸로 뒤집으라 세상을 향해 바윗돌만한 문이라도 한번 밀어나 보자 밀수 없는 문일지라도 전도는 그만하고 인제는 확 뒤집어보자

 재떨이

두려움은 어디서 오나? 두려움을 잘 극복하면 설렌다. 두려움은 잘 모르고 부족하고 확실하지 않기 때문에 일어나는 감정변화다. 어떤 일을 잘 처리하기 위해서는 먼저 배워야 한다. 배울 것을 배우고 배워서 안 될 것을 안 배워야 잘 배운 것이다.

많이 배우고 많이 안다고 해서 세상 이치를 잘 아는 것도 아니다. 용기가 있어야 한다. 함께 어울릴 수 있는 용기가 있으려면 먼저 낮춰야 하고 상대의 말을 곰곰 잘 들어야 한다. 그러려면 내 생각하는 방식과 상황은 잠시 접

어두고 상대의 성정과 근량을 헤아릴 필요가 있다.

머리와 얼굴을 바꾼다는 말,

개두환면改頭換面도 사회에 있으니까 나오는 말이다.

우선 내 안의 작은 문부터 부수고 나올 수 있는 용기가 있어야겠다.

詩人 최승호 "무서운 굴비"를 읽다가 써 본 글이다.

커피 17잔

해골 문양 한 조직 본 적 있다 날실과 씨실 보았다 터미네이터 뜻과는 다른 시작이었다 무덤은 용맹스러운 로마의 병사와도 같았고 마라와카 지역에 사는 원주민처럼 꿋꿋했다 언제나 하트 다 덮겠다는 건 아니었다 오히려 다이아몬드처럼 나팔꽃처럼 하얗게 하늘 보았다

해골은 크기가 조금씩 달랐다 200만 년 전 오스트랄로피테쿠스의 것이 있는가 하면 3만 년 전 크로마뇽인 것도 있었고 30만 년 전 네안데르탈인 것도 있었다 나름대로 규칙적 반원을 그리듯 그렇게 나열하며 있는 것도 있었고 하나가 큼지막하면서 흐릿하게 그 전체를 바라보는 것도 있었다

대체로 하얀색이 전부였지만 빨간색 아니 주홍빛 그리는 것도 있었다 슬퍼 보였다 하지만 온전하다 종족과의 침략과 복수극의 희생자는 분명히 아니었다 몸뚱어리는 어디로 갔는지 찾을 수 없고 머리만 한데 어우러져 있었는데 모두 정면을 주시했다 똑바로 보겠다는 뜻인지 꼼짝하지 않았다

화석이었다 아니 화석 같았다 들소의 무리를 찾아다니는 것도 아니었고 갑오징어와 가오리 같은 연골을 찾으러 간 것도 갈 것도 아닌 해골, 빙하기 북극 한계선을 넘는 것도 열대의 적도를 걷는 것도 아닌 오로지 36.5도의 평균적 온대성 기후 속에 들어앉은 양송이버섯 그 공장만큼도 아닌 움막, 움막 그 자체였다

나는 말할 수 없었다 정말 그 조직을 본 순간 말문이 턱 막혔다

재떨이

제레드 다이아몬드 교수의 저서 "총, 균, 쇠"를 읽은 적 있다. 이 책을 읽다가 이건 뭐지 싶어 밤새 읽은 기억이 있다. 인류도 지금의 한 종이 아닌, 수만 종이 있었다는 것도 그 인종의 멸종과 생존에 가슴이 뭉클했다. 마치 내가 앞으로 어떻게 살아가야 하는지 그 미래를 미리 보는 것 같은 느낌이 들었다면 너무 과장한 건가!

가만히 생각하면 우리는 벌거벗은 나약한 존재다. 강한 사람은 자기를 잘 드러내지 않는다는 말, 진정 강한 것인가! 백이와 숙제처럼 고사리만 뜯어 먹고 사는 인간, 그 고사리는 어디서 나온 것인가!

화석을 만들 수는 없지만, 최소한 일을 하고 있는 자세는 중요하다.

아침에 일어나면 이 나약한 몸뚱어리부터 씻고 하루를 시작한다. 팬티는 가장 먼저 입는 옷이다. 팬티처럼 움막 같은 집 짓는 일, 블랙홀 같은 나날을 이루다 보면 언젠간 하늘 보는 날도 있겠다.

없으면 말고, 뜨끈뜨끈한 커피 한 잔 마시며 나는 또 나왔으니까!

커피 18잔

그녀의 얘기다. 나의 아버지, 아버지의 아버지 할아버지, 할아버지의 그 아버지는 "베제라"였다. 나의 아버지는 산마르코에서 태어났으며 배타는 분이었다. 커피를 아주 좋아했다. 하지만 고기만 낚아서는 살 수 없었다. 나의 아버지께서는 베네치아로 이주하였고 굴뚝이 가장 높은 지역에 살았다. 기름때 손에 묻히고 들어오는 일이 다반사였다. 그렇게 나의 아버지는 힘들게 살았다. 나는 아버지가 일하는 곳에서 아버지 기름 묻은 손으로 나를 받았다고 했다. 나는 그렇게 태어났다.

이곳은 마땅한 일자리가 없었다. 생각다가 나는 물 건너 서울이라는 도시에 왔다. 추운 겨울날이었다. 경산이라는 도시에서 온 어느 아저씨가 나를 보았다. 나는 그 아저씨 따라 경산으로 이사했다. 임당이라는 동네에서 15년 살았다. 비 오나 눈이 오나 커피만 뽑았다. 하루 아니라 일주일에 3명 온 적도 있는 카페에서 일했다. 하지만 주인아저씨는 나를 내치지 않았다. 주인아저씨께서는 그럴 때마다 어디론가 출타하셨다. 밤에만 나를 만졌다. 하루에 한 분 맞더라도 나를 뜨겁게 대해 주었다. 그렇게 한 삼 년 살았다.

하루는 나를 만지작거리다가 카페에 홀로 앉아 무언가 읽는 주인아저씨 본 적 있다. 책만 보았다. 그러다가 한 며칠 후 몇 명의 사람이 오가는 것도 보았다. 주인아저씨는 나를 다루는 방법을 그 사람에게 얘기해주었고 나는 그들을 위해 무엇이든 내 드려야 했다. 나는 그렇게 또 한 삼 년 살았다.

하루는 몸이 아픈 적도 있었다. 속이 다 헐어 있었다. 주인아저씨는 겉옷 걷어내고 나의 속살을 만졌다. 핏줄 선명한 나의 음부를 만졌다. 주인아저씨는 찌릿한 냄새마저 아랑곳하지 않았다. 그는 테스트기로 진단하다가 나의 암 덩어리인 "HEATER RY 3"를 보았다. 말없이 맵게 달군 인두기로 나의 속살을 파며 그 암 덩어리를 제거해 주었다.

수혈 받지 않은 상태에서 일곱 시간이라는 긴 시간여 동안 수술 받았다. 다시 깨어난 나는 더 열심히 일을 했고 그를 믿기 시작했다. 그가 좋아졌다. 아니 그가 좋다. 새벽 동트는 모습을 보고 저녁노을 물들며 별빛 속으로 가는 그가 좋다. 언제나 묵묵히 서서 나를 다루는 그가 좋다.

그는 나로 말미암아 몇몇 친구를 사귀었다. 나는 그의 친구를 위해 나의 동생과 사촌 동생 그리고 이웃을 소개해 주었다. 그는 말한다. 주 예수께서도 한 번도 본 적 없는 하느님을 믿게 한 열두 명의 제자를 두었다고 얘기한다. 우리가 보는 저 커피로 친구를 만들 수 없겠느냐며 여러 친구에게 동기를 준다. 나는 그가 좋다. 이제 그를 믿을 수 있겠다.

오늘도 나는 그를 위해 열심히 일한다. 창밖은 비가 내리고 연인들이 찾아든다. 내 몸 위에 올려놓은 잔을 꺼내며 그들을 위해 나를 만지는 주인아저씨가 좋다. 중국집 아저씨가 와도 만두집 사장님이 와도 교회 집사님이 오셔도 우유배달아저씨가 와도 암팡지게 그를 위해 일한다. 나는 그를 사랑한다. 나의 삶을 한 번도 뽑은 적 없는 그는 진정 나의 아저씨라고,

재떨이

시간이 참 많이 흘렀다. 다섯 평쯤 되었을까! 처음 커피 가게를 열었을 때 말이다. 골목길, 인적이 많은 곳도 아니고 더군다나 가게 앞은 빨간 벽돌집이 있었다. 아침이면 늘 한산했으며 하루에 몇 명 걸어 다니지도 않는 그런 곳이었다. 지금 생각하면 참 웃음 밖에 나오지 않는다. 당시, 주위 사람은 얼마나 손가락질 했을까 하는 생각도 드니까! 이런 골목에 누가 오겠다고

커피 집 차리나?

그런데도 나는 즐거웠다. 하루에 커피 한 잔 못 파는 때가 더 많았는데도 행복했다. 이 행복도 하루가 지나고 몇 달이 지났을 때는 고통으로 바뀌기 시작했다. 책만 보는 것도 창가에 앉아 먼 산 바라보는 것도 그 행복의 끝자락이었다. 나는 또 무언가 새롭게 시작해야 했다. 기계를 다루고 커피 뽑는 방법을 알리자. 그렇게 시작한 커피 교육은 기계 판매로 잇고 그것은 커피 파는 것보다 좀 더 나은 부가가치를 올렸다.

지금은 꽤 큰 카페를 운영하게 됐다. 물론 커피 문화강좌는 지금도 하고 있으며 늘 새로운 사람으로 함께 한다.

눈에 보이는 상품 커피 말이다. 지금은 눈에 보이지 않는 상품도 다루고 있으니까, 커피는 정말 쉽다.

커피 19잔

콩 볶았다 구태여 한 잔 피를 보려고 저 넓은 흰 수염 보았다 자를 수도 꾸길 수도 없는 더욱이 끊을 수 없는 저 흰 수염에 묶인 한 마리 나비였다 접을 수 없는 긴 날개를 세상 등지며 가는 흰 수염의 뱃바닥에다가 올려놓는다 뱃바닥은 왼팔 잃은 샹크스가 앉았다 그의 팔은 죽음의 유통기한이 없는 바다와 맞바꾸었다 또 뱃바닥은 제2번 대대장 불 주먹 에이스가 있었다 그의 주먹은 큰 산을 마치 샌드백처럼 다루었다 또 뱃바닥은 검은 수염 마샬 디 티치가 있다 그는 검은 구름을 백상아리 아가리에 꾸겨 넣어 영원히 다물 수 없는 입으로 바다에 풀었다 또 뱃바닥은 크로커다일이 있다 그는 알라바스타의 바람으로 모래의 왕국을 짓고 어둠을 가뒀다 또 뱃바닥은 도플라밍고가 있다 그는 빙빙 도는 깨알 같은 잠 도둑을 묶었다 또 뱃바닥에는 매의 눈 미호크가 있다 그는 번개 같은 칼로 고독의 칼집을 만들었다 그러니까 저 밤바다에는 수많은 그림자와 능력자들과 양들과 양이 있다 이 깜깜한 심야에 부러진 시곗바늘로 한 뼘 바다를 젓는 흰 수염의 동료다 어쩌면 무리에서 떨어져 나간 또 어쩌면 젤리 같은 바다의 가족이다 저 많은 동료가 로스터기 안에서 뱅뱅 돈다 행간을 길게 늘이며 또 줄어드는 고무고무 열매의 능력자 로스터 몽키 디 루피가 있다 까만 모자 쓰고 톡톡 신음을 놓는다 별이 쏟아지는 카페, 악마의 열매를 나는 오늘 볶았다

 재떨이

세상은 내 모르는 능력자들이 많다. 선의의 경쟁이다. 커피 시장을 보면 더욱더 그렇다. 항공모함 같은 대 자본력을 앞세워 밀고 들어오는 업체를 자

주 보았다. 커피와 커피와 관련한 부자재 및 기계 그리고 서비스 시장에 하루가 다르게 곳곳 들어선다. 정말 믿기지 않는다. 소비자와 고객은 한정 되어 있지만, 공급자는 점점 더 생긴다. 그러다가 과열경쟁에 한두 업체가 죽어나가는 것도 보기 시작했다. 이런 가운데 가만히 있을 수도 또 날뛸 수도 없는 시장 한 가운데에 처한 기분이다.

뭐라도 팔지 못하면 커피 가게는 존재 가치가 없어진다. 고객의 손에 멀어지면 가게는 일찍 문 닫게 된다. 솔직담백한 커피 맛과 친절이 있어야 한다. 지역에 자리한 만큼 이웃을 배려하는 마음도 있어야겠다. 따뜻한 커피 한 잔에 고무고무 인간의 몽키 디 루피가 스친다. 길게 뻗게 할 수도 있는 손과 기어 몇 단계까지 동력을 끌어올릴 수 있는 힘, 에휴 나는 없는 것일까!

오늘도 열심히 콩 볶는다.

커피 20잔

나는 나 속에 또 다른 나가 있다는 것을 안다 혹자는 이를 거울 속의 나라고 노래한 이도 있고 물속에 이는 어떤 사물의 관점으로 노래한 이도 있다 악수해도 받아 주지 않는 나, 돌을 던져도 형체 하나 꾸기지 않는 나, 그래서 내가 바라보는 나가 아닌 타협하지 않는 모습 그대로가 오히려 더 정이 가는 나, 어쩌면 나는, 그런 나를 고집하는지도 모른다

며칠 앓았다 더위 먹은 것 같다 대뇌 뒤쪽 어딘가 누가 자꾸 간헐적으로 꾹꾹 누르는 것 같다 잠이 오지 않았다 아내보다 늦게 자고 아내보다 일찍 일어났다 육천 년 산 아프리카의 바오바브나무가 그리울 뿐이다 한 곳에 뿌리 묻고 한 하늘만 보았다 들짐승이 와도 받아 주었고 날짐승이 와도 쉬게 해 주었다 아직도 뛰는 심장 속에는 뜨거운 피가 흐른다

누구는 삼각형[△]이라고 했고 누구는 브이[V]라고 했다 나는 도형함수가 어떻게 이루어졌는지 모른다 사춘기 시절이었다 아버지는 나를 싫어했다 아버지만큼 컸었을 때 나는 집을 나가 살고 싶었다 그때부터 수학은 나의 머리 뜯고 있었다 하지만, 연필 한 번 들지 못했다 정석 펴 놓고 정독하면 좀 나아질 것이라고만 믿었다 브이라는 것에 승리라는 글자밖에 떠오르지 않았다

대학 졸업하고 사회 첫발 내딛고 나는 무심코 잡은 커피에 울었다 처음으로 뜨거운 피가 얼 수도 있겠다는 걸 알았다 새벽에 일어나 어렵게 마련한 봉고 차에 커피 한가득 실어 시장에다가 떠돌이 날품 했다 커피 한 잔 마셨지만, 씁쓸하다는 것을 알았다 그럴수록 악착같이 살았다 악착같이, 십 년이면 강산도 변한다고 했는데, 십 년이면, 십 년이면, 강산도 변한다고 했는데,

재떨이

십 년이면 강산도 변한다. 내 어릴 적 고향은 깊은 산골이었다. 지금은 앞산을 깨끗하게 밀어 놓았고 그곳에는 아파트가 빽빽이 들어섰다. 변하지 않는 건 무엇일까? 우리가 마시는 공기, 우리가 마시는 물, 변하지 않는 것이 없는 게 어쩌면 진리다.

마음은 변하지 않는 것 같아도 젊을 때보다는 그리 강하지는 않다. 하지만, 몸은 꽤 늙어 흐르는 시간만 본다. 젊음이 노력으로 얻은 상이 아니듯, 늙음도 잘못으로 받은 벌이 아니라는 영화 '은교' 속 명대사가 스친다. 열정적이고 성공적인 젊음을 보내도 힘겨운 노년의 삶을 피할 수는 없다.

전에 신문에서 본 내용이다. 맥도널드 최고령이신 아르바이트, 임 씨를 본 적 있다. 일 속에 도전도 있고 성취감도 있고 행복이 있다. 내게 혹시라도 일에 대한 고민이 있다면 행복하다. 내 버는 수익이 얼마가 됐든 무언가 하고 있다는 것에 이건, 누군가에게 관계를 맺고 교역을 하며 상호작용을 한다는 것이다. 즉, 내 몸이 활동한다는 것이다.

폐지 줍는 노인, 노인의 지하철 퀵 서비스, 잔잔한 청소부로 일할 수 있으면 어쩌면 행복이다. 우선 몸이 건강해야겠다. 보험도 건강할 때 들 수 있듯이 내 인생의 경제적 보험은 무엇인가?

늘 리-모델링 해나갈 수 있는 능력.

우리는 장기적으로 보면 모두 아르바이트다. 그 어떤 일이든 도전할 수 있는 능력, 일생의 일을 가진 사람은 행복하다.

커피 21잔

오늘은 아무도 보지 못했어, 안이 후덥지근한데다가 꽉 매어놓은 보자기 속 같은 데 있으니까 답답하데 한참 있으니까 늘 보는 아재가 들어오는 거야 석 보더니만, 나의 손을 덥석 잡네. 어라! 흐뭇한 미소까지 짓는 저 표정, 그나저나

이야기 하나 해 줄까 음 나도 들은 얘기야 나의 아버지, 나의 아버지는 나의 할아버지, 나의 할아버지는 나의 할아버지의 아버지한테서 물려받은 얘기야 어느 항구라고 하던데 아마 인천 어딘가일 거야 대불 호텔이나 슈투트 호텔이라고 들었는데 그곳에서 코페아 아라비카 한국파 콩이 시작했다는 얘기도 있지

하지만, 더 정확한 것은 아마 고종황제이셨지 그분께서 러시아공사관에 잠시 머문 적 있었데, 그때로 보는 것이 일반적이야 그때는 무슨 맛으로 우리를 대했을까 하는 생각뿐이야 본래 우리의 성질은 좀 쓰잖아 사람은 참 이상해 어떻게 대하든 우리 내면의 속성을 잘 아는가 봐 혹여 잘 알지는 못한다 해도 그들의 마음을 깨우는 건 사실이었잖아

10년대 거리 문화 속에서도 30년대 이상 문학의 산실인 곳이었다가 6·25 때 이웃사촌쯤 되는 친구가 잠시 들어오기도 했지 70년대는 각종 다방이 나오다가 90년대 유학 물 타고 들어온 테이크아웃풍 일기도 했지 지금, 규모화 되는 집 자주 보게 되는데 우리를 진짜 아는 사람은 몇 안 되는 게 날 외롭게 하는구먼

지금 내가 있는 이곳은 경산, 동네 구석진 자리 꿰차고 있지, 그래도 난 주인 잘 만난거야 무엇보다 나를 맹신적으로 믿어주니까 그의 친구가 나의

친구이기도 하지---- 암!, 지금은 제법 많은 사람과 함께 지내고 있구먼 아! 참 시간이--- 어여 내려가야 하는구먼 슴슴 그럼

나를 한 번 마셔 봐

 재떨이

커피가 이 땅에 들어온 지도 백여 년이 훌쩍 넘었다. 커피를 대하는 우리의 마음도 꽤 바뀌었다. 처음은 원두였다가 그러니까 드립이었다. 김탁환 소설의 '노서아 가비'를 읽어 보면 조선 최초의 바리스타 따냐가 나온다. 그녀는 드립의 최고 기술자였다. 그러다가 한국전쟁을 맞고 미군 PX 통해 인스턴트커피를 마시기도 했다. 필자 또한 30대 중반, 아니 40대 초까지 마셨다. 그 인스턴트커피의 매개체는 자동판매기였다.

89년도에 에스프레소 기계가 처음 들어오고 정통 이탈리아식 커피인 에스프레소 맛 본 이후 줄곧 그 열풍이 불다가 2000년대 이후, 니만 커피 볶나 나도 볶아 하며 너나 할 것 없이 로스터기를 들여놓았다. 커피는 다시 다방처럼 배달의 민족을 통해서 배달되기 시작했고 커피 집은 예전보다 더 많이 생겼다.

여전히 대형카페는 어디서든 볼 수 있으며 또 누군가는 카페를 짓기 위해 땅을 알아보고 있다. 1,300여 년 전 칼디가 처음 먹어 보았다던 커피, 저승에서 보고 있을 칼디, 우리의 현주소를 보고 뭐라고 말할까! 그래 니들이 커피 맛은 알어!

에휴~ 아침이면 드립 커피 한 잔이 그립고 감칠맛 나는 커피 한 잔은 정말이지 그 순간만큼은 진짜 행복이라고 말하고 싶다.

커피 22잔

검은 대륙에서 건너온 것이 까맣다 하루 24시간, 쌓인 40여 년 오랫동안 쓴 밀대처럼 빨아도 헹구어도 너절한 걸레다

이미 포타필터 잡은 손, 까만 대륙의 씨앗 한 톨보다는 태양을 더 닮았다

데미타세에 반쯤 담은 에스프레소 한 잔 세상의 백지에다 삶을 한 줄 그려나가는 연필 한 자루다

콕 찍어 마셨고 너는 깨어났다 낮이든 밤이든 까맣게 서 있으라고, 어떤 색깔이 와도 덮으라고, 꾹꾹 맺은 너의 몸짓은 그렇게 왔다

가득함의 미련을 깨치는 너는 만남의 미학을 남겨야 했다 색 바랜 꿈을 다시 깨워야 했다 한 줄의 삶을 탱탱 조율하는 까만 피여야만 했다

새는 까만 제복을 입고 하얀 칼 품고 떨어졌다 난 오늘도 네가 필요하고 너는 내 몸속에서 다시 일어난다

 재떨이

여태껏 삶을 지탱한 건 일기 때문이다. 백지만큼 큰 귀도 사실 없다. 누군가 내 말을 잘 들어줄 때 속에 낀 때가 싹 씻겨 나간다. 후련하다. 깨끗하다. 마치 가을 하늘처럼 맑다.

단도 이도의 채색만큼 명암이 확실한 건 없다. 하루가 있었으므로 밑바탕에 채색할 수 있었다. 나는 시인은 아니지만, 시를 짓고 글을 쓴다. 완벽할 때까지 노력하는 게 내 본연의 의무다. 누가 뭐라 하던 해보는 것이다.

여태껏 썼으니까! 조금씩 나아진 건 아닐까! 아니 분명 나아졌다.

신임을 얻었고 새로운 친구를 알았다. 오늘도 검은 대륙을 만들며 하루

를 정리한다. 정말 새로운 세계를 얻기 위한 몸부림으로 드보르작의 신세계 교향곡을 들으면서 말이다.

커피 23잔

꾹꾹 참아 다져온 둑 안의 슬픈 눈물이여
만근의 압력에 울컥 치밀어 오른 눈물이여
긴 서러움 내뱉다 만 짧은 눈물이여
탱탱 끊이지 않은 가느다란 눈물이여
용암보다 뜨겁고 꿀보다 진한 눈물이여

 재떨이

에스프레소 한 잔을 뽑기 위해 무서리가 저리도 내렸나 보다. 돌이켜보면 짧은 순간이었다. 당시는 긴 시간이었을지 모르겠지만, 한 종지보다 적은 이 커피 한 잔은 정말 한 모금도 되지 않는 음료다. 역시 그 한 모금도 되지 않는 커피지만 쓴맛보다는 신맛과 단맛이 어우러져 있는 것이 좋다.

예전 카페 손님이었다. 가게가 너무 작아, 창가에서 보면 바로 곁에 에스프레소 기계가 있고, 마주 볼 수 있을 만큼 가까워, 손님과 대화 나누기도 편했다. 음대 교수였다. 에스프레소만 넉 잔 마셨다. 그때가 04년도였지 싶다. 커피 어디서 들어온 것이냐고 물었다. 이탈리아 포르트리코사에서 들어온 커피라 했다.

지금 생각하면 우리도 기술이 많이 좋아진 셈이다. 당시는 이탈리아에서 들어온 커피를 많이 쓰기도 했으니까!

한 이십 년 걸었던 커피 인생, 순탄하지만은 않은 것 같다. 그렇다고 꽤 큰일 한 것 같지도 않은 생, 다시 생각하면 좀 더 열심히 살았으면 하는 것도 사실이다. 정말 쪼오옥 떨어진, 순간 흘렀던 삶이다.

커피 24잔

깜깜한 우주 점 하나 안 되는 아이스크림 녹지 않는다 새 난다 까만 초콜릿 하나가 놓인다 마약처럼 움푹 파인다 쥐약 먹은 생쥐처럼 눈빛 잃는다 꼬리 없는 혀 초콜릿만 핥는다 핥으면 자꾸 커지는 초콜릿 어느새 아이스크림만 하다 손으로 끄집어낼 수 없는 초콜릿 죽은 언어다 언어가 막혀 있는 어둔 하늘 난다 또 새 난다 또 카페인은 저녁 노을빛처럼 퍼진다 몽롱한 별빛 본다 꾹 닫힌 조개 속 진주가 쓰리듯 아이스크림 속에 박혀있는 초콜릿 자꾸 따끔거린다 언어는 그 초콜릿 끄집어내지 못 한다 안 녹는 아이스크림 위에는 큼지막한 초콜릿 하나만 있다

아! 끄집어내지 못하는 초콜릿 아이스크림만 먹는다 못 먹는 아이스크림 밤새워 먹는다

 재떨이

'쇼콜라'라는 메뉴가 있다. 데미타세 잔에 초콜릿 소스 한 펌핑 넣고 에스프레소 한 잔 담는다. 커피 향이 굉장히 진하면서도 단맛이 돈다. 잊을 수 없다. 한 번 맛본 그 커피 맛, 정말 내 머릿속을 누빈다.

난로처럼 세상을 달구며 보자
폭폭 선인의 지혜 뜨겁게 읽자
어두운 세상 등빛 지혜 환하다
한 손 횃불 한 손은 연필 꽉 잡자

백지에 쇼콜라 같은 글자를 남기기 위해 밤새 머리 굴리며 있는 것은 아직도 내 삶이 있기 때문이며 내일이 있기 때문이다.

커피 25잔

어느 강둑에서 나는 꽃피고 씨앗 맺었지요 어느 날 염소들이 먼저 먹었고 염소와 함께 온 칼디가 나를 먹었어요 뚝뚝 따는 그의 손길은 부드러웠습니다 처음에는 통째로 입속에다가 넣어 오물오물 거렸습니다 그러다가 절구통에 넣어 절굿공이로 찌어 뜨거운 물에 뿌려 넣고선 소금이나 생강을 넣기도 했습니다

까만색과 하얀색의 이권 속에서 배 타고 건넜지요 처음은 내, 가진 유전자를 없애기 위해 살짝 태우기도 했습니다 까만 손의 까만색으로 하얀 손으로 넘어갔습니다 하얀 손 가진 사람은 까만 손 가진 사람보다 더 여유롭게 저를 만졌어요 하얀 사람의 끝(손끝, 발끝, 머리)을 자극했습니다

이곳에서 나는 혹독하게 살았습니다 더 강하게 나를 태웠으며 더 조밀하게 나를 분쇄했습니다 총총 바늘구멍 같은 곳에다가 무거운 압력으로 나를 밀었습니다 황금색으로 다시 깨어났지만, 속은 까맣게 탄 기름이었습니다 새로운 무리가 이곳을 찾아 나를 만나기까지 그렇게 한 삼백 년 살았습니다

새로운 무리는 다른 바닷길 통해 왔습니다 이들은 나의 이복형제를 아침이나 저녁이나 틈나면 구수한 목축임 정도였습니다 짧고 진한 나의 몸은 그들에게는 잘 맞지 않았습니다 이곳저곳 떠도는 사람의 입맛을 위해 나는 물의 옷을 입었습니다 그렇게 옷을 입혀준 이는 아메리칸이며 그들의 이름을 따 아메리카노라 합니다

 재떨이

커피의 기원은 지금으로부터 약 천삼백 년 전 아프리카 에티오피아 카파

지역에서 '칼디'라는 소년에 의해 발견되었다는 것이 가장 유력하다. 그 후, 베네치아 상인과 십자군 전쟁을 통해서, 유럽으로 건너간 커피는 이들의 삶 속에 필수음료로 정착하게 되며 문화의 발달을 촉진하는 매개체 역할을 톡톡히 한다.

에스프레소 문화의 본 고장은 이탈리아며 이곳을 찾는 미국인에 의해 아메리카노라는 이름을 붙게 된다. 스타벅스의 하워드 슐츠는 이곳에서 만난 에스프레소 한 잔을 통해 그 매료를 전 세계에 가장 빠른 속도로 에스프레소 관련 메뉴를 알리는 계기가 되기도 했다.

드립이 조금 부드럽다면 에스프레소는 차지다. 드립이 조금 말끔하다면 에스프레소는 윤기가 있다. 드립과 에스프레소는 똑같은 커피지만, 추출방법은 확연히 다르다.

우리가 살아가는 방식도 똑같은 삶이지만, 일일이 들여다보면 각기 제각각의 삶을 산다. 우리는 그 한 잔의 삶을 완벽하게 마실 수 있을까! 인생 전체의 공정을 1인칭 시점이 아니라 3인칭으로 바라볼 수 있다면, 나는 순간순간 어떤 선택을 할까!

100세 시대다. 허리 구부정한 일본 어느 노인께서 커피 볶는 모습을 보았다. 칠순 아들이, 아버지가 볶은 그 커피를 갈아서 드립 한다.

좀 더 완벽한 삶을 위해서는 무언가 지탱할 수 있으며 의지할 수 있는 그 무엇이 있어야 한다. 이자가 없는 시대, 똑같은 적금이라면 건강까지 보장받는 든든한 보험은 있어야겠다. 장래는 모른다. 하지만 최소한 안전장치가 많을수록 지탱할 수 있는 힘도 크다는 것은 분명하겠다.

커피 26잔

데미타세 잔 안에 까만

정액定液이

하얀 밑바닥에 닿아

두터운 크레마를 보고

쓰린 커피가 지나가

얼룩이 남는

아직 가지 않은 향이 남아

잔 빛을 잃고

데미타세 잔 안에

아직 가지 않은 향은 남아

재떨이

한 잔에 담을 수 있는 양은 한정적이다. 데미타세 잔은 2온스밖에 담지 못하는 하얀 도자기 잔이다. 향과 맛이 진한 에스프레소를 담을 수 있다. 에스프레소는 딱 1온스만 추출한다. 그러니까 1온스 정도의 여유가 있어 잔으로 보면 반에 약간 못 미친다.

커피 일도 내 잔에 넘치도록 열심히 해 보았나 싶다. 오히려 미온적 하게 해온 일이라 그나마 여태 하고 있는게 아닌가 하는 생각도 든다. 잔에 반 이상은 이 일을 두고 고민거리로 채웠다. 그렇게 한 이십 년 보냈다. 몇 개의 가맹점을 내보기도 하고 몇 개의 직영점을 내고 인건비 상승에 또 폐점을 거듭하고 나머지 한 개의 점포만이라도 잘 해보자고 그 고심을 밀어내며 온 열정을 쏟아 붓는다.

잔은 아직도 비었다. 언제쯤 맛난 에스프레소 한 잔 마실 수 있을까?

커피 27잔

밥 한 그릇 국 한 그릇 밥상에 있다
국밥집에는 이게 한 쌍이다
우리는 밥 따로 국 따로 한 적 없다

삼백육십오일
윤기 난 밥알처럼
다 헤진 파처럼
하늘거리는 무처럼
씹는 소고기처럼

마주보며 한 술 떠다가도
빠질 수 없는 깍두기 한 젓가락에
잇는 국밥 한 그릇

 재떨이

오랫동안 함께 일했다. 하지만 또 잠시잠깐 지나온 것 같다. 어쩌면 국밥 한 그릇 먹기 위해 여태껏 일한 건 아닐까!

많은 손님들이 지나가셨고 직원도 많이 지나갔다. 그래도 이 카페에 남아 있는 사람은 단 둘, 부부다. 에휴~ 누가 이러한 글을 읽으면 참 정도 많겠다싶다. 얼마나 속앓이하며 또 얼마나 견디며 지내야 할까! 그러면서 한평생 간다.

오로지 국밥 한 그릇,

끝까지 잘 우러나올 수 있는 국 한 그릇과 밥 한 그릇

한 숟가락 뜰 수 있는 국밥 한 그릇 말이다.

커피 28잔

둥지에 앉은 새가 알을 낳고
그 알이 깨어나 아비를 쪼는

이미 게워낸 거미줄, 바람에 꺾이지 않도록
바람에 떨어내는 점은

코스모스 활짝 핀 길에
여물어 가는 가을빛 안아 부푼 구름이

아! 나비가 꿈이었던 벽,
흐르는 물살에 깎는 비늘이

꿈틀꿈틀 살아 움직이는 무생물, 난 도무지 잡을 수 없고 깜깜한 밤에 홀로 서 있듯 보는 너는 그렇게 움직이며 나의 골목길 서성거리는데, 어딘가 본 듯 그렇게 서 있기도 하는 너는

휘 장 이 무 겁 다

 재떨이

여유가 있으면 다음을 위해 갖춰야 하고 불황이면 일을 도모해야, 하는 일을 오래 할 수 있다. 여유가 있었던 적보다 오히려 불황의 시기가 더 오래

였다. 우리나라는 매년 불황이었다. 물론 자영업자로서 느낀 마음일 것이다. 그럴 때마다 가게를 위해 무언가 타개책을 내놓아야 했다.

커피를 제대로 알리기 위해 강좌를 열고, 음악회를 개최했다. 부끄러운 이야기지만, 책도 써보았다. 찾아오시는 고객께 갖은 선물과 배려로 마음을 사보기도 했다. 그러나 경기 파동에 또 배겨 나기 힘든 것은 나만 느끼는 일도 아니겠다.

셰익스피어의 말이다. "행복한 집은 모두 엇비슷하고, 불행한 가정은 제각각의 이유로 불행할"뿐이다. 어떠한 일이 있어도 망하지 않아야 지선이다. 새로운 손님을 만들고 고객만족을 위해 부지런히 노력해야 진정 경영자의 자세일 것이다. 그러기 위해서는 커피는 모든 것과 통한다며 자위한다. 내 부족한 그 무엇을 위해 새로운 상품을 업로드하고 자아계발을 하며 새로운 욕구를 찾아내야 한다. 정말 얼토당토 안 한 새로운 방법의 전도사가 되어야 한다.

호황이든 불황이든, 경영자는 스스로 침체의 늪에서 처해야 혁신적인 그 무엇을 창안할 수 있을 것이다. 오늘도 꿈틀꿈틀 살아 움직이는 무생물이 내 머릿속 골목길을 서성이며 깨뜨릴 수 없는 벽을 넘나 보고 있다.

커피 29잔

이파리로 씨줄과 날줄 엮었습니다

엮은 쳇불을 길에다가 두르고
포장鋪裝으로 단단히 메웠습니다

산은 산처럼 체에 담습니다

구름에 싸인 산을 보다가 물이 된 산을 봅니다

어느새 들길 지나 가을 입구에 선, 산을 봅니다

나무들이 서 있고 발갛게 물든 단풍을 봅니다

산이 체를 지납니다

씨줄과 날줄 발갛게 물들고
길이 사랑니처럼 욱신거립니다

산은 산처럼 떨어진
단풍 안으며 체를 발갛게 물들입니다

재떨이

인간은 신석기시대부터 무언가 만들기 시작했다. 아니 제대로 만들려고 노력했다. 무딘 돌을 들고 무엇을 잡는다는 것은 어려웠기에 그 돌을 다듬기 시작했다. 날카로운 것은 고기를 쉽게 얻을 수 있었기 때문이다.

다음은 조직이었다. 일렬로 서거나 엎드려서 목표물을 향해 다가가 일격을 가했다.

일은 늘 혼자 시작한다. 일을 하다보면 조직을 잘 짜는 사람이 있다. 자본이 아무것도 없어도 맨손으로 시작할 수 있는 일은 얼마든지 있다. 처음에 낚은 고기로 허기를 채웠다면 다음은 다음을 위해 투자할 수 있는 기술로 발전하여야 장래가 보장된다. 영업은 모두 그렇다.

새로운 것을 시작한다는 것은 굉장한 두려움이 인다. 시작은 그 무엇보다도 최선을 다해보자. 길은 한계에서 나오는 법, 새로운 길을 보았을 땐 선을 베풀어야 한다는 것도 잊지 말자. 함께 걸어야 안전한 집이 될 수 있으니까!

커피 30잔

밤의 계곡을 지나 돌 틈 비집고 간 능사의 흑빛 눈물 떨어뜨리는 것이라면 착 터진 성냥개비의 꿈이었다면 찰랑찰랑 노란 손수건 덮듯 천개의 눈을 가리고 누런 가슴 까맣게 속인 것이라면 뜨거운 물의 노래 웅성웅성 듣고 까만 까치 날개 곧추세워 젖다가도 저 하늘 그리움에 흰 뱃바닥으로 깐 오작교를 건넌다면

 재떨이

정치는 무엇으로 하는 걸까. '논어'에 답이 나온다. 자공이 정치를 물었다. 공자 왈 "먹을 것을 풍족히 하고(足食), 군사를 강하게 하고(足兵), 백성이 그것을 믿는 것(民信之)이다." 다시 물었다. "버려야 한다면 무엇을 먼저 버려야 합니까." 공자는 대답했다. 먼저 군사를 버리고, 다음에 먹을 것을 버리라고. 그리고 못을 박는다. "백성이 믿지 않으면 바로 서지 못한다(民無信不立)."

나를 바르게 하는 것은 무엇일까? 신은 왜 우리 인간에게 열 개의 눈동자를 주었을까? 밤의 계곡에서 다 타버린 성냥개비의 꿈을 구렁이처럼 쓰는 것은 있는 듯 또 없는 듯 불확실한 장래에 좀 더 명확한 사과나무를 위하는 것은 아닐까! 흰 뱃바닥으로 깐 오작교를 오늘도 건너간다.

민무신불립民無信不立이 아니라 아무신불립我無信不立이다. 적자생존이다.

커피 31잔

어지러운 책상 위 케케묵은 거래장이 하나 있다 몇 장은 찢어진 곳도 있고 몇 장은 까만 숫자로 가득 메워져 있다

수프리모가 한 포 들어오고 세종대왕의 여러 말씀을 읽었다 케냐 한 포 들어오고 신사임당께서 미소 띠며 나갔다

다 볶은 커피가 나가고 며칠 후 선인의 말씀을 읽었다 그렇게 메워나간 거래장을 본다 우리는 이렇게 적으며 왔다

아직 적어 나가야 할 공간이 많음을 본다 까만 볼펜이 깨알 같은 점으로 수를 놓아야 한다 차곡차곡 마음이 쌓이길 바라고 백지를 내어놓듯 한없이 넓었으면 싶다

 재떨이

대학 다닐 때였다. 야! 커피 한 잔 해, 도서관에 있으면 아니, 강의 끝나고 또 어쩌다 만난 친구라도 있으면 늘 하던 말이었다. 커피 한 잔을 뽑기 위해 이 나라에서는 생산하지 않는 커피를 수입한다. 생두 한 포는 몇 십만 원이다. 한 번씩 들어올 때는 허리가 휜다. 다 볶은 커피로 거래처마다 납품 들어가고 돈이라도 잘 받으면 또 모른다. 몇 달 밀리는 것은 여사고 못 받는 경우도 생길 땐 정말 아찔하다. 애지중지하며 볶은 커피를 두고 월말에 흥정하는 점장을 볼 때면 정말 이 일 때려치우고 싶을 때도 한두 번이 아니었다.

생두는 어느 정도 수분이 머금고 있어 대체로 무겁지만, 볶아놓으면 부피는 커지지만 무게는 오히려 줄어 1㎏ 담고자 하면 생두 1㎏으로는 어림도 없다. 내가 꼭 한탄 어린 말을 늘여놓는 것 같다.

그래도 이 일을 계속하는 건, 정말 아찔한 순간이 오더라도 뜨겁고 구수한 맛 때문이 아닐까 모르겠다.

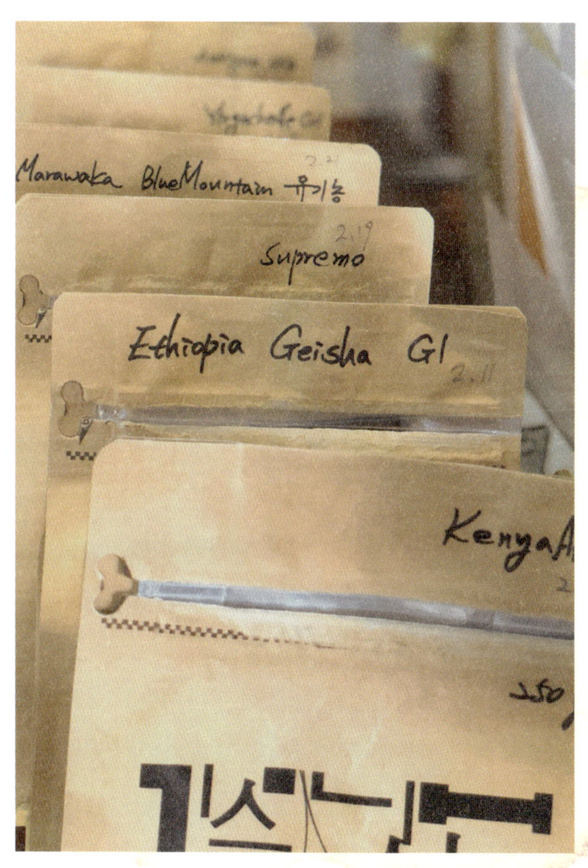

커피 32잔

하마 같은 아이가 문명의 아침에 마주 먹는 한 술 그 뜨는 밥주걱에 밥가락이라 했다 잠깐 아찔하면서도 섬뜩하게 잉카의 아타우알파가 스친다

에스파냐가 말 타고 종횡무진 칼 휘두르다 한 문장 빛깔 좋은 홍시 하나 착 펴지다 제국은 벙어리였고 강가의 모래였다 라마와 말의 시소 속에 밥가락이 폭주족 지나가듯 한다

턱턱 막힌 언어가 그 라마 목에 달라붙은 이 하나 잡지 못하고 꾸덕꾸덕 굳는 목뼈 비트는 일은 없어야겠다 언뜻 내지른 하마의 아침,

그 밥가락으로 뜬 밥 한 그릇 오돌오돌 씹는다 말고삐 잡고 달리는 것도 기지국 소리 잘 읽어야겠다

아직 공중파 하나 없이 떠도는 알파파가 한 잔 짧게 마시는 에스프레소처럼 비웠다 가는 한 종지 나날 자석이면 착 달라붙는 쇳가루처럼 문자와 서로 맞지 아니한 해바라기의 끝은 무엇인가

 재떨이

재레드 다이아몬드 교수의 "총, 균, 쇠"를 읽은 적 있다. 처음 만났을 때는 이 책이 아니었다. "문명의 붕괴"였다. 지구가 하나의 이스터 섬이 될 수 있겠다는 생각, 정말 논리 정연하게 설명한 인류 문명의 역사를 일목요연하게 보여주었다.

"총, 균, 쇠"를 읽고 밤잠을 스친 기억이 있다. 네안데르탈인과 크로마뇽인과의 관계, 왜 네안데르탈인은 멸종되었을까? 나는 어떻게 살아갈 수 있을까 하는 답을 보는 것 같았다.

그리고 대륙 간 문명의 차이와 그 이유를 읽고, 바이러스와 총기, 정보전달의 속도에 잉카 제국의 황제 아타우알파가 쓰러지는 것을 보았다. 쓸 때없이 책만 읽은 건 아니었다. 그렇다고 글 한 줄 안 써보면 그것도 삶의 진정한 처세가 아닌 것 같아 글에 대한 욕구가 점점 깊었다.

책도 내보고 내가 생각지 못한 신임도 얻게 되니, 영업력이 점점 나아졌다. 문자의 힘은 분명히 있었다. 소통의 매개체에 문자를 이용해 보는 것은 어떤가? 그 시작은 일기임은 두말할 필요가 없겠다.

제 2 장

가물거리는 달

달 품는 우주

하트다.

열개눈동자의보금자리며달품는우주다.

 재떨이

한 때, 달을 우주로 향하는 총구처럼 본 적 있다. 보름달을 유심히 보고 있으면 쑥 빠진다. 우리는 달처럼 어떤 돌파구를 찾고 있는 것은 아닐까? 누구든 삶에 있어 고심거리가 없고 문제가 없는 사람은 없을 테니까!

달을 통과하면 그다음은 무엇일까? 우리가 찾는 하트는 있을까? 일의 결말 그것도 비극이 아닌 꿈같은 성취를 이루는 것은 있을까 말이다.

퇴계 이황의 말씀이다. "사즉득지 불사즉부득야 혼이무득思則得之 不思則不得也 昏而無得" 깊이 생각하면 세상을 깨치고 많은 걸 얻을 수 있지만, 마음이 어두워지면 아무것도 얻을 수 없다는 말이다. 공자께서는 "학이부사즉망, 사이부학즉태學而不思則罔, 思而不學則殆"라 했다. 배우기만 하고 생각지 않는다면 어두워지고, 생각만 하고 배우지 않는다면 위태로워진다는 뜻이다. 생각과 배움이 편벽되지 않게 노력해야 한다는 권고다.

선인의 말씀은 익히 알겠다. 그러나 생각도 좋고 배움도 좋지만, 실천하지 않는다면 아무 소용이 없다.

달을 품고 싶은가? 아니면 달을 통과하고 싶은가? 모든 게 열 개의 눈동자에 달렸다.

가물거리는 달

찬바람 채 가지 않은 가장 짧은 달에 구름을 배우겠다고 물의 장력만큼 꿈꾸었지요 그때 회색빛 알토란 꽃 보아요 어느 호숫가 빠듯한 물 당기다가 저버리며 구름 꽃 그려요

물속 하늘 보아요 물수세미 나고 나사말이 있어요 게아재비 나고 물자라 지나는 것 보고 웃었어요 뒤늦게 구름 꽃 보겠다고 물속 지나는 미꾸라지 바닥을 훑고 가요 왜 구름인지 알게 되었어요

하늘에서 비가 내려요 비 맞으며 물의 흐름 느껴요 물 위 긴 꽃대 올리며 햇볕보기도 해요 마땅히 누울 곳 없어 얕은 물 흐름만 느껴요 물방개 잠수하며 꽃대 스쳐요

물 당기며 노래한 소금쟁이는 물고기 체액 저버리지는 못해요 성큼성큼 물 튕기며 월동 준비하지요

깊게 박지 못한 뿌리가 물결 출렁이지만, 물의 노래 들으며 구름의 속울음 보기도 했어요 물방개 게아재비 물자라 물맴이 송장헤엄지게가 노니는 호숫가 물속 깊이 폭 젖다가 꽃구름만 보아요

 재떨이

작은 웅덩이 같은 세상이다. 물방개처럼 있다가도 게아재비처럼 잠시 떠

있기도 했다. 바람은 늘 불어, 물은 언제나 출렁거렸다. 그럴 때마다 위기가 닥치고 무언가를 모색해야 했다. 뿌리가 깊어도 아니 깊어도 물의 장력과 흐름에 견디는 것은 적응력뿐이다. 거저 물을 잘 보는 능력밖에 없다. 현대판 군주민수君舟民水다.

거저 작은 웅덩이라고 생각하자. 세상은 너무 넓고 깊다. 생각이 못 미칠 때는 쪼개어 보자. 작은 것으로 큰 것을 생각해 보는 것이다. 세상과 싸울 땐 너무 크게 생각하면 그 물결에 휘말려 든다. 이파리 하나만 보아도 그 나무가 살았는지 죽었는지 알 수 있다고 했다. 말 한마디만 들여다보아도 옳은지 그른지 알 수 있다고 했다. 그냥 아주 작게 보자는 것이다.

언제나 꽃구름은 일었다. 분명한 것은 이익이 없으면 일을 도모하지 말며 도모한 일이라면 최선을 다해야겠다. 그리고 가게에 크나큰 위험이 아니면 마케팅은 반드시 해야 하는 것도 잊지 말자. 탁월한 리더는 인품과 결단력 도전 정신에서 나오며 위임에서 구분된다.

에휴, 아직도 출렁거리는 수초다.

가물거리는 달 2

나뭇가지에 엉기성기 붙은 이파리가 꾸덕꾸덕 굳어 가고
바람이 조금씩 차지기 시작해요 하늘가 닿은 달이
가볍게 보이네요 그것은 얇은 공간을 찢고 오른
향처럼 뽑아도 다시 떠올라요 매끈한 바닥과 같이
바다를 동경하지만, 파도는 달처럼 담아요 구멍 난
목선이 파도를 타요 가름할 수 없는 깜깜한 거리는
등대의 눈만 빼끔빼끔 보아요 긴 혀가 짧은
혀를 잡고 있어요 달은 짧게 끊어야 해요 가령,
새는 문질러요 새는 핥아요 새는 빨아요
새는 쪽쪽거려요 새는 꽉 물어요 목선이 삐딱하게
기우네요 이불 같아요 풀어진 길바닥을 목선에 얹었어요
바람이 그렇게 차지는 않지만, 파도는 달처럼 짧게
끊어요 이렇게요 깜깜한 밤에 코알라가 나무에 올라요
별빛이 나무에 오르는 코알라 보고 있어요 아가야
나무를 꽉 잡아야 해하며 중얼거리듯 이 밤 불 밝혀주고
있네요 탁탁 튀는 물고기 하늘가 닿았지만, 꾸덕꾸덕
굳는 이파리는 아직 떨어지기에는 일러요
파도가 목선에 스미어요 배가 흥건해요 등대 보아요
한 번씩 오는 저 불빛이 목선 잡아 주네요 등대의
불빛은 곰비임비 오는 빈혈 같아요 달이 자꾸 가물거려요

 재떨이

직영점 하나 더 내고자 어느 골목길 구석진 자리에서 유동인구를 파악한 적 있다. 으슥한 골목길이라서 사람이 다닐 일 없었다. 하지만 가게는 평수가 제법 되어서 그냥 놓치기에는 또 아까웠다. 건물주께 가게 세를 물어보고 다시 찾아가 보고 멀리서 바라보는 일도 잦았다. 정말 고민 많이 했다. 그때 내 마음에다가 딱 하나의 질문을 던졌다. 그래 저 가게 안 하면 니 뭐할래? 그러니까 답이 나왔다. 장사가 되던 안 되든 해보자.

그때 도전하지 않았다면 본점 70여 평의 건물도 못 지었을 것이고 그 뒤 100여 평의 카페 조감도도 없었을 것이다. 정말 도전이 있었기에 더 큰 무엇을 할 수 있었다.

글도 마찬가지였다. 정말 책 한 권 쓰고 싶었다. 원고를 정리하고 몇 군데 내보기도 하고 뒤늦게 책이 나왔다. 한 번 낸 것으로 마쳐야 했다. 뒤에 글 같지 않은 글을 또 얼마나 냈든가. 부끄럽다. 하지만, 그 글 같지 않을 글 때문에 좋은 글을 써보려고 노력하는 것은 아닐까!

처음부터 완벽한 것은 없다. 다만, 조금 나아지려고 노력하는 것뿐이다. 안 하는 것보다는 낫다. 좀 더 경험을 갖는 일은 소중한 자산이기 때문이다. 그 무엇과도 바꿀 수 없는 자산 말이다.

미하칙 센터 미하이의 말이 떠오른다. 우리는 좀 더 나은 경험의 질을 높여야 한다. 그러기 위해서는 무엇이든 해보아야 하며 그 한 일에 대해 느낌이 있어야 하며 한 줄 글귀가 나와야 한다.

가물거리는 달 3

사내들은 밀폐 통 같은 하모니카보다 농익은 석류 알 같은 밤에 착 달라붙는 달을 좋아하기도 해 손에 닿지 않는 달, 공중에 떠 있는 달, 가물거리는 달, 그달 보러 파일의 변속을 한다

캄캄한 서랍은 무작정 달린다

어쩌면 달은 뜻밖의 요철 만나 튕겨 오르는 길에서 보기도 하지 어두컴컴한 고독의 길 같다가도 지나는 나무와 가로등과 주유소 같은 그리움이 들면 한 번씩 달을 보기도 해 길은 혼자 걷는 것 같다가도 하늘거리는 별빛에 낚싯밥 건 지렁이처럼 서랍을 흔드니 외롭진 않아

밤에 뜨는 달은 바람의 한 문장처럼 단순해 단순하게 닿는 달빛이 더 그립지

오토바이가 헤드라이트 켜고 난폭하게 지나는 좁은 골목길 못 먹는 도넛 잡고 돼지바 쪽쪽 거리듯 빨아 달은 파일의 변속기어 잡듯 짧고 뭉뚝하지 잠시 창을 봐봐 창은 딱 두 개야 들어가는 곳이 있으면 빠져나오는 구멍이 있어 자 그럼 오른쪽에서 왼쪽 창 보며 달을 봐봐

나는 왼쪽 손으로 달의 목덜미를 잡지 오른손으로 연필 잡고 밤의 정취를 적어 전주 아래 홍등의 가시가 돋으면 달이 침몰할 때도 있거든 거리의 오가는 사람이 많거나 달을 싣고 가는 음주 차량이거나 뒤따르는 알록달록 애완견의 팡파르 소리에 죽을 수도 있어

다시 살려 문장을 만들어 몽싯몽싯 부푼 달을 그려 나오는 구멍을 잘 봐야 해 이때 왼쪽으로 쏠리며 달빛을 빚어 어떤 때는 왼쪽에서 선글라스가 필요 없는 밤의 창가를 넘어 오른쪽에 뜬 달을 보기도 하지만, 그럴 땐, 달빛

이 오른쪽에서 덥석 나를 물기도 하지

숨이 콱콱 막혀 짧은 혀가 미울 때도 있어 가끔 긴 문장으로 쓰고 싶을 때도 있거든

 재떨이

현대는 고대처럼 전쟁하지 않는다. 고대는 시도 때도 없이 전쟁을 벌였다. 영역 다툼이었고 국력을 키우는 가장 원초적인 방법이었다. 일개 병사의 갑옷은 상대국 것과 차별이 있어야 했고 그러기 위해서는 제조기술부터가 달라야 했다. 가볍지만 뚫을 수 없는 갑옷 말이다.

지금은 갑옷을 입고 싸우지는 않는다. 스타벅스의 푸르고 둥근 로고만 보아도 커피가 생각나고 솟대만 보아도 소도 같은 카페가 생각나야 한다.

한 편의 글을 만들기 위해 얼마나 많은 시집을 읽어야 할까! 그게 좋든 좋지 않던 무작정 읽어야 했다. 남들보다 둔하다는 게 이럴 땐 빛을 발할 때도 있다. 그렇다고 무슨 큰 영광을 얻는 것도 아니지만, 거저 내 마음에 앉는 한 줄기 빛이었다. 이것도 무슨 여유가 있어야 쓰지 하며 생각하는 이도 있을 것이다. 정말 답답한 일에 처하면 펜부터 잡는다.

유언장도 아닌 유언장 같은 그 누구도 대상이 되지 않는 무언의 목소리로 하늘에다 목 놓아 부르는 소리다. 숨 콱콱 막는 일에 팡파르다. 갑옷도 되지 않는 홍등의 가시다.

그러나 기대하지도 않는 오른쪽이 있을 것이다. 경제학의 아버지 아담 스미스가 말했다. 보이지 않는 손에 맡겨 보는 일이다.

가물거리는 달 4

연등 알록달록하네 연꽃잎 한 잎 한 잎 붙여 만든 연등, 그 아래 건네 이승의 소리, 저 소리 내가 밟고 가네 돌계단 오르네 또각또각 구둣발 소리 한 계단 오르면 또 한 계단 있고 오를수록 숨차네 세상 두루 살펴보는 저 부처님처럼 구름이 지나건 샛별이 뜨건 바람이 불어 낙엽 날려도 내 앉은 건 돌이요 들리는 건 소쩍새 울음소리고 콧속 후미는 아카시아 향 있듯 아! 보는 건 산이네 구불구불 불빛 닿는 곤충, 탁탁 터지며 붙는 세상 가볍네 앞 캄캄하지만, 횃불 하나 든, 동굴 길어도 뻥 뚫린 세상 환하네 불두화 꽃송이와 같이 피는 오월의 꿈 노란 부처님 위에 한 송이 꽃 얹네

 재떨이

글을 써야겠다고 생각했다. 작년 연말쯤이었다. 서민 경제는 무너졌다며 온갖 매스컴에서 떠들고 있을 때였다. 사실, 그 하나의 표상이었다. 20년을 하던 2년을 하던, 무너져 간 세상만 볼 뿐이었다. 그리고 또 몇 달, 정말 글을 쓰기 시작했다. 이 글이 마칠 때쯤이면 오월이 되지 않을까! 부처님께 공양하듯 한 송이 꽃을 얹는 내 마음이겠다.

운양雲養 김윤식金允植이 '막내아들 유방의 병풍에 써주다(書贈季子裕邦屛幅)'란 글에서 이렇게 썼다.

"서경에서는 '반드시 참아내야만 건너갈 수 있다'고 했다. 근면함이 아니고는 큰 덕을 이룰 수가 없다. 인내가 아니고는 큰 사업을 맺을 수가 없다. 근면이란 것은 스스로 힘써 쉬지 않아 날마다 새롭고 또 새로워지는 것이니 하늘의 도리다. 인내란 것은 나쁜 것을 포용하고 더러운 것을 받아들여서 무

거운 짐을 지고서 먼 곳까지 도달함이니 땅의 도리다. 대저 한때의 괴로움을 견디지 못하고 편안함을 취해 주저 물러앉는 자는 끝내 궁한 살림의 탄식을 면치 못한다. 하루아침의 분노를 참지 못해 경거망동하는 자는 마침내 반드시 목숨을 잃는 근심이 있게 된다. 이 때문에 총명하고 재능이 뛰어남이 근면함만 못하고, 지혜와 꾀가 많은 것이 인내만 못하다. 힘쓰지 않을 수 있겠는가?"

경기불황은 나만 겪는 일도 아니다. 참아야 한다. 자숙한다. 그렇다고 가만히 앉아 보는 것이 아니라 새로운 길을 찾는데 게으름이 없어야 한다. 총명하고 재능이 뛰어난 것이 아니라 근면과 인내로 세상과 맞서야 한다. 거꾸로 매단 연꽃잎이 어쩌면 어둔 거리를 좁혀 줄 수 있을지도 모른다. 오늘도 불두화 꽃송이에 뻥 뚫은 세상을 놓아 본다.

書云: '必有忍, 其乃有濟', 非勤無以成大德也, 非忍無以凝大業也. 勤勉者自强不息, 日新又新, 天道也. 忍耐者藏疾納汚, 負重致遠, 地道也. 夫不耐一時之苦, 而偷安姑息者, 其終不免窮廬之歎. 不忍一朝之忿, 而輕擧妄動者, 其終必有滅頂之患. 故聰明特達, 不如勤勉, 足智多謀, 不如忍耐, 可不勉哉, 可不戒哉!

가물거리는 달 5

키카추는 손재주 있다네 그는 미지의 세계에 나가면 달구지를 따 가져온다네 달구지는 생활의 우유이며 단백질이지 그의 정복은 닿지 않은 달이고 승리의 깃발은 뽑을 수 없는 하얀 이빨이라네 동굴의 가장자리에서 실마리 캐고 복판에다가 불꽃 담는다지 동굴은 그럴 때마다 내심 뻥 뚫은 안개체라네 습관처럼 족적을 닦고 곧추세운 창끝과 슴베를 다듬지 닳지 않은 허공만 담아 찍어내는 숨 같은 거푸집도 있다네 다족류라면 가리지 않는 키카추, 한 손은 횃불 한 손은 돌도끼 들고 다가오는 세계를 그리지 들판의 말총만큼이나 들소의 뿔은 수시 이동이라네 동굴에서 바라보는 저 자연의 장관은 누구도 거를 수 없는 본능의 질주지 맹수의 문장도 날카롭지만 그들도 저 뿔에 건 달이 될 수 있어 야생을 걸어 본 사람은 아네 달의 모양은 분명해 알츠하이머 같은 달의 그림자를 다듬고 뽑혀나간 짐승의 털만치 숯을 만지지 별을 헤아리며 걷는 키카추, 다듬은 동굴의 그 둘레로 나뭇가지와 풀들로 빼곡히 장식하는 것도 잊지 않는다네 언젠가는 이 그림이 미지의 세계에 두려움을 잊고 하얀 이빨을 또 심을 수 있겠다고 다부지게 마음 먹네 별이 아주 밝아 지금은 캄캄한 동굴 속 안이야 달구지를 마시고 있지 착 터지는 태양을 맞을 때면 전장은 또 뜨거워 도끼날 선명하네

鵲巢言 호모 하빌리스: 영국의 인류학자인 리키가 1964년에 동아프리카의 탕가니카에서 발견한 화석 인류. 약 150만 년 전 플라이스토세에 살았던 인류로, 능력 있는 사람이라는 뜻을 가진다. 이건 사전적 의미다. 고고학에는 손재주 있는 사람이라고 명했는데 아무거나 다 맞다.

 재떨이

동굴 같은 세상이다. 정말 동굴이라면 횃불은 있어야겠다. 그러면 이 동굴 같은 세상에 횃불은 무엇인가? 책이다.

세계 최고의 부자인 빌 게이츠는 매일 밤 한 시간씩, 주말에는 두세 시간씩 책을 읽었다. 그는 이렇게 말했다. "나의 성공에는 독서가 절대적으로 큰 기여를 했다." 커피의 대가 하워드 슐츠는 매일 새벽 5시에 일어나 반드시 독서 시간을 갖기로 유명하다. 서구 전쟁의 역사에서도 책을 좋아하는 인물로 나폴레옹을 빠뜨릴 순 없겠다. 약 1,000여 권의 책을 싣고 말안장에서 읽었다고 하니까.

수불석권手不釋卷이라는 말이 있다. "삼국지三國志"의 오지吳志 여몽전呂蒙傳에 나오는 말이다. 손권孫權이 여몽 장군에게 공부를 권하자, 여몽은 "전쟁 중 항상 일이 많아 책을 읽을 겨를이 없다"고 대답했다. 그러자 손권은 "후한後漢의 황제 광무제光武帝는 변방 일로 아무리 바빠도 책을 손에서 놓지 않았다"고 했다.

오늘도 키카추는 거저 알 수 없는 집적한 동물의 털로 엇비슷한 현상을 그려나간다. 어쩌면 이 그림이 미지의 세계에 두려움을 잊고 하얀 이빨을 심을 수 있는 계기가 될 수도 있으니까!

여하튼, 새카만 것이 피었다.

가물거리는 달 6

밤은 나의 붉은 신호등, 방바닥은 언제나 숨쉬기 어려운 낱장, 흰 구름 덮고 뜬 눈 꼬박 샌 나비, 밤새 자란 나의 까만 머리카락, 빗어도 표 나지 않은 젤리, 촉촉 욕실바닥과 불 꺼진 창, 안 미끄러지려고 안 미끄러지려고 장미를 띄우고 선명한 곰보 자국 남기며 걷는 새벽, 태양의 건널목 지나간다 데미타세 잔 안 한 펌핑 초콜릿소스와 잘 이갠 에스프레소 한 잔 머리끝 뿌리 다지며 하얀 새치 눈치껏 가린 세상만 본다 잇는 시곗바늘 거꾸로 간 지구의 자전과 달의 공전, 모래시계 위 들물과 날물 흥건히 적시고 만 소금기 어린 백지장 하루

鵲巢言 데미타세(Demitasse): 에스프레소용 2oz 정도의 양을 담을 수 있는 커피잔을 말하며, 작은 잔이란 뜻의 이탈리아어다. 일반적으로 하얀 도자기 잔이다.

 재떨이

성장은 만남에서 이룬다. 이 속에 진정한 대화가 있어야 나도 모르는 꽃을 피울 때가 있다. 책은 좋은 친구다. 좋은 친구는 나에게 열정을 불러일으킨다. 또, 책 같은 친구와 세상 어린 고민을 얘기하며 현실을 파악하는 것도 좋다. 가끔, 뭔가 피어오를 때가 있다. 내 마음을 스스로 보지 못할 때 마중물 같은 게 남의 소중한 말이나 글귀다. 경청하는 자세가 필요하다. 그 다음은 대화다. 대화는 마주대하며 이야기를 주고받는 것이다. 세상에 묻은 때를 벗기다 보면 말끔한 눈을 갖게 한다. 하루의 때를 잘 벗지 못해 상대와 술을 마시는 사람이 있다. 오히려 육체에 해가 되며 힘든 과업을 도로 업는 행위

다. 대화가 발전하려면 먼저 실행하는 미덕이 있어야 한다. 대학大學 치국장治國章에 나오는 말이다. “자신이 먼저 행하고 뒤에 남에게 요구하라.(有諸己而後求諸人)”

태양이 있으면 달이 있듯 하루를 정리하는 마음은 늘 있었다. 모래시계 위 들물과 날물 흥건히 적시고 만 소금기 어린 백지장 하루를 본다. 거꾸로 간 지구의 자전과 달의 공전을 잇는 시곗바늘로 되짚어 본다. 어찌 하얀 새치 눈치껏 가린 세상이다.

신호등이 참 붉다.

가물거리는 달 7

희미한 창가 가죽 소파가 굳은 결심의 콘크리트 벽에 앉은 그 위 걸어놓은 액자 속에는 흰 소가 부러질 듯한 꼬리를 하늘 치켜들고 진흙 뻘밭 힘차게 걷는

두꺼운 송판으로 각을 맞추고 틈과 틈을 잇는 짜임새와 왼쪽도 오른쪽도 앞도 뒤도 돌아보지 않고 오로지 하늘 바라보는 곧게 깊숙하게 한 곳 박아놓은 의지가 비틀림이 없는

맑고 깨끗한 유리잔 안에는 한때는 뜨겁게 내렸을 걸음걸이가 군더더기 하나 없이 제 빛깔로 고운 얼음 결속 어는

한 모금씩 당기는 하루 그 하루 함께 잇는 가늘고 긴 대롱 속 공기 방울 틈 없이 짝 들어맞는 태풍은 불어도 이는 파도 없는 바다 위 떠 있는 만선, 만선들

 재떨이

이 중섭의 흰 소가 좋아 모작을 가게에 걸어 놓았다. 중섭은 참 가난하게 살다가 갔지만, 그의 그림은 이 세상의 빛이 되었다. 하얀 소가 아니라 흰 소 말이다. 흰색은 백의민족을, 말라비틀어진 소의 외형은 전쟁으로 고통 받는 민족을 상징한다.

이 중섭의 일기를 보면 더욱 감동이 인다. 일제강점기의 시기를 거쳐 공산당이 지배하는 북쪽 지방에서 형(백화점 운영)을 잃기도 했다. 한국동란에 피란으로 간 부산에서는 아내 이 남덕(야마모토 마사코, 남쪽에서 온 덕이라며 중섭이 아내의 이름을 지었다.)의 국적 때문에 다시 제주도로 갔다. 그때는 결핵환자가 왜 그리 많았을까! 결핵은 아내도 절친한 친구인 시인 구상도 있었으니까. 말년에 중섭의 아내는 아버지 부고로 일본으로 가고 극심한 가족애에 소

와 게를 자주 그렸다.

한때 미술관에서 이 중섭의 메모 같은 그림을 본 적 있다. 소 그림만 해도 몇 장을 보았는지 모를 정도로 많았다. 흰 소는 그냥 나온 것이 아니었다. 마치 벽에 걸어둔 그림만 보아도 마구 달려가 저 단단한 벽을 당장 깨부술 것만 같다.

한 모금씩 당기는 커피 한 잔에 긴 대롱 속 빨려 오르는 커피 한 모금에 태풍은 불어도 이는 파도 하나 없는 바다에 떠 있는 만선은 무엇인가?

가물거리는 달 8

작은 무덤이었다 마치 물 풍선 같은 게 여러 개 있었다 말 못할 사정을 입 꾹 다물고 있듯 그렇게 부풀어 있었다 혹자는 꽃의 독이라고 했고 혹자는 곽의 꽃이라고 했다 독이든 꽃이든 그럴 만도 하겠다 까맣게 내린 눈만 보고 있다가 훨훨 날아가는 은피처럼 꽃은 그렇게 왔다

어느 밑바탕보다도 진한 주홍이었다 또 다른 세상이었다 적색군단과 비행접시, 소와 물만두, 살림살이와 집, 국민과 국가를 보는 것 같다 도톰하게 쌓은 시췟더미 속에 하늘 같았다 멈춰 선 야구공 같다

딱딱하게 굳은 하얀 뼈, 그립다 어느 것 하나 표 나지 않은, 어느 것 하나 붙잡지 아니한 것도 없는 뼈, 꽃의 뿌리가 가 닿지 않을 듯 굳건히 서서 바라보는 무언의 올챙이와도 같은 너는 맑은 물이든 그렇지 않던 살아서 숨 죽어 있다

억새가 바람에 나부끼고 돌 벤치에 앉은 무심하게 내린 눈이 있다 뜨거운 태양 빛에 다시 녹는다 해도 작은 무덤이겠다 마치 물 풍선같이, 터트리고 싶은 물 풍선같이,

鵲巢言 은피(silver skin): 커피를 볶고 나면 모인다. 생두를 보호하는 얇은 막이다. 보통 과실의 씨앗은 모두 이것이 있는데 과일을 먹고 씨앗, 예를 들자면 사과 씨앗이나 수박 씨앗을 만져보라 미끄덩미끄덩한데 이것이 은피라 보면 되겠다.

 재떨이

살면서 우리는 얼마나 많은 속사정을 틀고 사는가? 텅텅 비우고 사는 것

만큼 가벼운 것도 없다. 홀가분하게 잠을 청하면 내일은 훨씬 더 밝다. 그래서 사람은 오히려 모르는 곳에 가 정착하며 사는 것이 인맥이 많은 곳보다 훨씬 나을 때도 있다. 고향 바닥에 머물었다면 하이고 야야 와 가 있잖아 서울 댁 손자 커피 한다고 카더라! 에휴 이런 말 가끔 아니 한두 번이라도 듣고 있었더라면 주눅이거나 소침하게 빠졌겠다.

얼마 전에 일이다. 보험 일 하다가 조카를 만났다. 조카는 요즘 아이들과 다르게 열심히 일하며 산다. 성격이 밝아 무엇이든지 해보려고 하는 도전 정신도 있었으며 새로운 세상에 대한 호기심도 꽤 많은 아이였다. 조카는 이런 말을 했다. "엄마가 어디 나가 우리 아이는 지금 아르바이트하고 있어요." 하는 대답이 가장 부끄러웠다고 한다.

시대와 문화가 바뀌었다 보니, 요즘 젊은이는 아예 외국으로 나가려는 경향도 있어 보인다. 이제는 국내도 너무 좁아서 필리핀이나 베트남 혹은 유럽으로 이민 비슷하게 나가 그곳에서 몇 달 여건이 되면 눌러앉고 싶은 이도 있다.

친한 사람이 늘 도움을 주는 건 아니다. 오히려 배반을 하거나 상처를 주는 것은 친한 사람들이다. 겉으로 친하지만 속으로는 적이나 다름없는 사람도 있다. 다정多情이 오히려 병이 될 수 있음을 규명한 미국의 사회학자 마크 그래노베터의 사회연결망 이론은 유명하다. 그는 실제 실업자의 27.8%가 "약한 유대관계" 덕에 직장을 구한 반면, 친한 친구의 도움을 받은 실업자는 16.7%에 그쳤다고 밝혔다. 친한 친구들은 우선 나와 인맥을 공유하니 도움이 안 되고, 나를 너무 잘 알아서, 혹은 편견 때문에 한계가 있다. 이런 1차적 인맥을 벗어나야 새로운 세계와 만남이 가능하다.

오히려 적이 더 쓸모 있을 때가 적지 않다. 적은 다른 관점과 세계관을 제공해 자기 성찰을 도와준다. 긴장을 주어 나태하지 않게 한다. 그래서 적과 함께 일하면 좋을 일도 있다. 사업에서 경쟁자와 협력하는 능력은 업계 전체를 살릴 수도 있다.

보험회사를 보자. 한 지점에 FC는 몇 십 명 된다. 모두 자영업자다. 하지만, 지점장은 매번 가동과 업무성과를 발표한다. 어쩌면 함께 사무실을 이용하는 마당에 상대의 FC는 경쟁자다. 일의 성과가 없다면 사실 부끄럽고 그 부끄러움이 일을 하게 하는 동기가 된다.

그건 그렇다고 치고,

일에 대한 중압감 즉, 터트릴 수 없는 업무 스트레스는 딱딱하게 굳은 저 흰 뼈에다가 고스란히 묻어 보는 것은 어떤가! 누가 잠시 머물다 갈 수 있는 돌 벤치를 만들고 결코 터질 일 없는 물 풍선 하나 띄워서 하늘을 장식해 보는 것은 어떨까!

가끔 혼자 피식 웃는다. 흰 뼈는 둘도 없는 진정한 친구다.

참조, 조선칼럼 "친구보다 적을 가까이 두라", 박성희, 이화여대 커뮤니케이션 미디어 학부 교수.

가물거리는 달 9

등불은 흐른다 등불은 까만 좁쌀만 본다 등불은 둥지에 까맣게 있었다 어느 한군데 수정할 곳 없는 내장탕 한 그릇 먹고 문장과 문장 사이 내장內藏하고 싶었다 뚝배기보다 장맛에 반찬 없는 하얀 쌀밥에 뜨는 한 숟가락은 속 더 다진다

등불은 흐른다 빈센트 반 고흐의 땅을 파는 남자다 예술은 길고 인생은 짧다 아! 등불은 고독하고 문장은 짧다 초승달 두 개와 삼을 그려 넣고 패총을 덮는다

철문은 열고 등불은 흐른다

등불은 흐른다 하늘 높이 나는 종이비행기 왼쪽 창과 오른쪽 문과 왼쪽 문과 오른쪽 창 모두 까만 구름 밭에 있고 연소 없이 타는 기름만 매끄럽다

등불은 흐른다 실타래 곱게 풀며 종착역에 머금는다 씨실 놓는다 언제나 바다야! 바다 위 나는 갈매기야

 재떨이

소 곱창을 구운 적 있다. 보험회사 다니는 게 여간 힘들었는지 우리 지점 CM께서 눈치껏 술 한 잔 하자며 얘기를 꺼냈다. 함께 일한 동기, 배 선생도 있었다. 배 선생 또한 여간 힘들었던지 다른 사람은 어떤가 싶기도 했을 것이다. 에구, 지점장도 알 게 됐다. 지점장도 참석했다.

대구 어느 으슥한 골목길 서성이며 가고 있었다. 앗, 나와 이름 비슷한 호석이가 전화하며 서 있지 않은가! 함께 했다. 모두 거하게 소주 한 잔 마셨다.

모두들 고민을 틀며 한 잔씩 기울이니 기분은 좋다. 지점장은 아무래도

기러기아빠 될 것 같다며 한 마디 했다. 호주로 간다고 했든가 뉴질랜드로 간다고 했나? 소주 한 잔 마시니 가물거린다. 언제부터 갈매기 아빠가 됩니까요? 모두 웃었다. 기러기가 갈매기 되다니?

꾹꾹 참고 일한 가장이다. 이제 한 오십쯤 되면 솔직히 지아비는 없다. 돈 벌어다 주는 하나의 일꾼이다. 가정도 속 터지는 일 한두 가지일까! 그나마 최소한 책임감 때문에 버티는 우리, 어디 멀리 가지는 못하겠고 내장탕 한 그릇 먹고 이리 앉아 종이비행기만 탄다.

가물거리는 달 10

안 녹는 아이스크림을 먹는다는 것은 기쁨이다 언제나 먹어도 딱 정량 알맞게 배부름 같은 것이다 한 때, 여름

소싯적 침 흘리며 먹었던 줄줄 흐르는 달콤함이 마냥 안타까웠던 아이스크림 어쩌면 만년 딸딸이 신고 슈퍼마켓 들러 아줌마 꽁꽁 언 아이스크림 하나 주세요

아껴서 먹을 수 없었던 아이스크림 지금 생각하면 피씩 웃음만 나고 왜 그랬을까!

나는 안 녹는 아이스크림만 자꾸 들다 보고 까맣게 지울 수 없는 초콜릿만 흩뿌리는 것일까

뿌리면서도 깊은 안도의 숨을 내쉬고 자판 올려놓은 손 거저 움켜잡고 깍지도 한번 끼고 지긋이 입술만 깨물다 가는 것일까

아! 오늘도 난 안 녹는 아이스크림 위, 수만 개의 창을 까무잡잡하게 그리며 따끔거려도 못 먹는 초콜릿 하나, 딱 하나 큼지막하게 놓아두어 보는 것이다

鵲巢言 만년 딸딸이: 슬리퍼다. 옛 소싯적 신었던 기억이 난다. 마치 폐타이어 오려 붙여 만든 슬리퍼의 일종이었는데 아주 오래 신을 수 있겠다는 일종의 은어였다.

재떨이

시인은 참 웃기는 인간이다. 만년 딸딸이를 만드는 게 아니, 만들고 싶은 게 시인이다. 대중에 미치는 한 편의 시, 가령 김소월 하면 "진달래 꽃"이 생

각나고 김춘수 하면 "꽃"이 생각나는 그런, 시 한 편 말이다.

어디 글 한 편 쓰는 게 쉬운 일인가! 아이고, 어데요. 천상의 시인 천상병도 있습죠. 막걸리 시인이다. 내 주머니에 막걸리 한 병 살 수 있는 땡전 한 푼이면 크게 행복했다. 글도 참 수수하고 읽기 쉬웠다.

가만히 생각하면 내 취미가 다양하지 못한 것은 커피 일 때문이었다. 다들 알다시피 커피가 무슨 큰돈이 될까, 앉아 책 보고 글 한 줄 쓰는 재미가 하루 일과였으니 말이다. 느지막이 철이 든 것인가! 이제는 그 많은 삶의 빚을 탕감하겠다고 보험 일에 뛰어들었으니,

일을 해보니, 할만하다. 살 속 빠졌다. 새로운 사람을 만나며 노후를 얘기한다. 정말 뚜렷한 현실은 우리 모두는 늙어 간다는 사실 앞에 준비하지 않으면 비참한 결말을 맺을 수도 있다는 일이다.

녹아도 좋다. 아이스크림 하나 제대로 먹을 수 있고 발렌타인 때 초콜릿 하나 제대로 먹을 수 있으면 좋겠다.

가물거리는 달 11

배 가르고 있었다 가로등은 침묵하고 말은 앞쪽에 까맣게 놓여 있었다 말 바꿔었다 또 배 가르고 있었다 죽은 핏방울이 맺혔고 배꼽에 고였다 고개 오른 배 꼼짝 못하고 가른 배 들여다보고 있었다 말 그대로 난교亂交였다 마구간은 줄곧 닫았지만 한 번씩 내두르는 말은 꽉꽉 물렸다 우듬지 남은 배 하나 기어코 까마귀가 먹고 말았다 하지만 배 받는다는 건 있을 수 없는 일이었다 오로지 말은 없었다 꾹 닫은 배가 이 빠진 하모니카로 가고 있었다 끝끝내 배, 가를 수 없었다 까만 씨앗이 배 위 놓였고 말 그대로였다

 재떨이

보험 일하면서 만난 친구다. 10년 아래다. 정말 대단한 사람이었다. 한때는 교육생으로 만났지만, 그의 경영능력은 탁월했다. 식당만 10여 개 한다. 선생님 인건비요, 총매출에 20% 넘으면 재미없어요. 그렇다. 그의 말대로라면 문 닫아야 한다.

자영업자는 얼마나 많은 가게를 열어보았던가! 나 또한 마찬가지였다. 가맹점 25개, 직영점도 4개까지 열며 일해 보았다. 하나씩 열며 얼마나 큰 기대를 했을까! 10개 열면 한두 가게는 성공적이었다. 이 한두 가게가 나머지 여덟 가게를 지탱하는 힘이 되었다. 여기서도 파레토최적이 나온다.

그렇다고 죽어가는 가게를 지켜보고 성한 가게만 볼 수만도 없다. 이 성한 가게 또한 언제 그 기가 다할지는 모르는 일이다. 그러니까 또 준비하는 수밖에 없다. 그렇게 쪼개며 열며 또 들여다보고 아니고 닫고 다시 또 살피다가 여는 일련의 행동들, 에휴! 뭐가 남았을까!

그나마 남은 게 있다면 까만 씨앗들, 언제 터질지도 모르는 저 배 씨, 마냥 싹 틔지 말라고 그냥 마구간에다가 걸어 잠근 배, 까마귀만 먹어도 충분한 씨앗뿐이다.

가물거리는 달 12

태양은 하루 뜨지 않았다 태양은 뜨고 까맣게 깔린 갈대숲은 바람 가는 길 역으로 저항했다 하얀 머리숱이 땅바닥에 떨어뜨리고 이파리가 초췌하게 말랐다 까맣게 흐르는 강물만 바라보았다 바람이 몰고 온 산이 그림자만 드리우고 달빛 내려도 남아 있었다 갈대는 강 건너 산만 바라보았다 언뜻 사라질 것도 아닌 산 하나가 큼지막하게 갈대를 덮었다 태양은 뜨고 이상하게도 산 그림자가 온통 갈대밭 다 덮고 있었다 산 그림자 없는 태양이 바른쪽에서 아주 둥글게 떴으면 싶다 머리숱 하얀 갈대가 하늘에다가 아무거나 힘껏 쓸 수 있는 강의 버팀목이었으면 좋겠다

 재떨이

일수독박 수질무성一手獨拍 雖疾無聲이라는 말이 있다. 한 손으로만 박수를 치면 빠르게 하더라도 소리를 낼 수 없다는 뜻으로 한 사람의 역량으로는 일을 해내기 어려운 경우, 또는 조화와 협력의 중요성을 강조하는 말이다.

"한비자韓非子 공명功名"편에 나오는 말이다. 한비자는 군주와 신하 관계에 있어 신뢰와 협조를 강조하면서 다음과 같이 말했다. "군주로서 걱정할 것은 호응해 줄 이가 없는 경우이다. 그래서 말하기를 '한 손으로만 박수치면 아무리 빠르게 쳐도 소리가 나지 않는다(人主之患在莫之應, 故曰 : 一手獨拍, 雖疾無聲)라고 하는 것이다."

이어서 한비자는 오른손으로 원을 그리고 왼손으로 네모를 그리면 동시에 성공할 수 없듯, 군신관계는 상호 신뢰를 바탕으로 각자의 역할을 다할 수 있도록 협력하는 것이 중요하다고 말했다. 또한 현명한 군주의 공명功名,

즉 국가를 잘 다스리는 것과 같은 대업은 한 사람의 역량으로는 해낼 수 없으며, 따라서 신하는 군주의 존귀한 권위를 높여주고 군주는 신하의 충심과 능력을 믿고 적재적소에 임무를 맡겨야 한다고 했다.

서두가 너무 길었다. 협력의 중요성을 말한다. 맹자의 말이다. 하늘의 때는 땅의 이로움만 못하고 땅의 이로움은 사람의 화합만 못하다고 했다. 대표가 제아무리 열심히 한들, 따라주는 동료가 일을 제대로 처리하지 못하면 가게는 어렵다.

일 잘 처리하는 동료(직원)를 만나는 것도 복이다. 인건비 올라 그런 건지는 모르겠다. 요즘 출근과 퇴근이 칼이다.

[네이버 지식백과(두산 백과)] 일수독박 수질무성一手獨拍 雖疾無聲

가물거리는 달 13

네가 있는 곳은 이상과 꿈이 세운 몽고반점 여기는 춥고 바람 불고 눈 내리는 젓가락 한 입 가락국 건설현장 너는 이미 묵언의 삼엄한 가름 길 놓은 돌의 암각화, 만져도 표 나지 않은 바나나의 돌계단 여기는 무딘 정 같아 허공딛고 가는 사각 정자 아래 얼음조각 벗기는 썰매길 너의 궁전은 긴 송곳 가는 송곳 콕콕 박으며 당기는 암호의 늪 그 수심 알아볼 수 없고 여기는 태양의 흑점 아래 형태 남지도 않은 물의 한 껍질 떨어지는 바람의 소리 너의 침실은 하얀 면사포 위 꽂은 장밋빛 머리띠 여기는 까맣게 머릿결 흩날리며 거를 수 없는 볼펜 똥 찍어 갈기는 속기 잡지 않아도 우는 뻐꾸기 삶 너는 하늘에 담은 캐러멜마끼아또 여기는 까만 팬티 한 장 위로 올리고 두 전등 아래 두 입술 다물고 다 덮은 두 산 아래 나는 있고

 재떨이

몇 년 전의 일이다. 4평 반쯤 되는 가게를 열었다. 그 가게 이름도 "조감도"였다. 여름이면 무척 더웠고 겨울이면 너무 추워서 옷을 몇 겹이나 껴입었다. 직접 지은 건물이었다.

건물을 다 짓고 개업 시기는 매출이 그런대로 괜찮았다. 하루 평균 20만 원, 4평 반쯤 되는 가게치고는 꽤 큰 매출이었다. 더군다나 큰 대로가라서 광고효과도 톡톡 했다. 가맹사업의 광고판이었기에 말이다.

그리고 몇 년, 매출은 점점 떨어졌다. 오가는 손도 줄고 경비에 못 미치는 경영에 다른 분께 가게를 넘겼다. 그때도 참 경기는 좋지 않았지만, 지금은 그때보다 더 안 좋다. 요즘 그 가게 어떻게 되었냐고 묻는 사람이 많다.

경기 심각한 시기에 그러니까 아예 바닥일 때 도로 더 찾는 게 소규모 소액 투자다. 망해도 별로 표 나지 않은 투자, 그러나 우리가 생각하는 것과 현실은 괴리감이 아주 크다. 한 사람의 고객을 유치하기 위해 얼마나 노력을 기울였던가!

다시 그 가게 하라면, 이제 나는 싫다. 고개 절절 멜 것이다.

가물거리는 달 14

스칸디나비아 반도 외딴 섬 고립된 지역 수리 한 마리 긴 겨울 끝 새끼 두 마리 낳았다 창공 나는 저 눈빛은 물속 그림자까지 꿰뚫는다 나는 것도 순식간 내리꽂는 것도 찰나다 날카로운 발톱에 낚아 올린 물고기 발 디딜 곳 없는 물의 세계 두 날개 퍼덕거린다 힘찬 창공을 다시 날며 어미와 새끼 머무는 둥지에 놓는다 한 점, 살점 떼지 않은 수리 저 먼 곳 향하여 다시 고공비행 눈빛 줌-인, 고공낙하 바람의 세계도 물의 세계도 어느 곳도 뚫지 않을 수 없는 저 몸짓

긴 날개는 얼지 않는다

 재떨이

세상 보는 눈을 가져야 한다. 나이 오십이 넘어도 세상과 벽을 이루며 사는 사람이 있다. 나이 갓 스물 넘긴 아이가 창업을 하고 세상과 싸우는 이가 있다.

시를 몰라도 자꾸 읽어보면 뭔가 읽힐 때가 있다. 그때는 큐브 상자를 돌리다가 색을 맞춘 기분이다. 무엇이든 자꾸 하다 보면 요령이 생긴다.

좀 더 잘할 수 있었다.

하지만, 내 못 미치는 어떤 결과가 나오더라도 후회하지는 마라! 영 안 하는 것보다는 백배나 낫다. 돌이켜보면 부끄럽고 흠 투성이지만, 그것이 있었기에 지금이 있으니까 말이다.

언제쯤 수리처럼 물속 고기를 정확히 잡을 수 있을까! 물고기에 목덜미 안 잡히는 것도 다행이다. 익사는 면해야겠다.

가물거리는 달 15

아버지는 들에 나가 가을걷이 하고 있었다 어머니는 어물 담긴 궤짝 몇 짝, 이고 다니셨다 소 키웠다 우리 집 소는 비쩍 말랐다 난 매캐한 연기 마시며 부지깽이 들고 소죽 끓이고 있었다 아버지 해 다 놓은 콩깍지 태웠다 작두로 썬 볏짚 끓는 냄새는 구수하다 그렇게 소죽 끓이고 있으면 아버지는 때마쳐 들어오시곤 했다 누이동생이 있었다 방에서 뛰어놀다가 정지간 봉창을 밀쳤다 그만, 소죽 끓이는 솥에 쏙 빠지고 말았다 어머니 들어 오셨다 아버지는 누이를 방에 데려다 놓고 소금 가지고 오신다 피부가 덴 그 여린 곳에다가 뿌리는 아버지 있었다 마당에는 어물 담긴 궤가 흩어져 있었다

 재떨이

70년 대 일이다. 몇 십 년이나 지난 이야기다. 기억이 생생하다. 펄펄 끓는 가마솥에 풍덩 빠졌다. 동생이 말이다. 얼마나 놀랬던지, 그때 내 나이도 꽤 어렸는데,

작두가 있었고, 볏짚이 있었다. 소똥으로 뒤덮은 두엄이 무덤처럼 있었다. 다 쓰러져가는 지붕이 아직도 보인다. 지붕이 없는 화장실도 있었고, 그리 깊지 않은 우물이 있었다.

집 주변은 텃밭 같은 밭이었고, 봄이 지나가면 감자 캐고 여름이 지나가면 고추가 익었다. 키가 어찌 작았던지 고추밭 사이 엉금엉금 기어서 동네에 놀이 나가기도 했다. 집에 늦게 들어와 혼줄 난 일도 한두 번이 아니었다.

그런 고향은 이제는 없다. 내 마음속에 고스란히 묻혔다.

정말 가난했지만, 가난하지가 않았고 정말 먹을 것이 없었지만, 풍족했다.

悔恨의 章

무섭다 아니 무서웠다 나는 혼자라는 것도 잘 알면서 나는 혼자가 아니라고 속에 든 깜깜한 무지렁이에게 말한다 무지렁이는 바보다 늘 하얗게 웃는다

야! 정신 똑바로 차려 아무것도 아니야 한다 하지만 나는 무섭다 혼자인 것은 분명한데 나는 나를 어떻게 적어야 옳은 것인지 모른다

야! 무지렁이야 너는 어찌 그렇게 하얀 웃음을 잃지 않느냐! 이 바보야, 까마귀만 보니까 그렇지 자 봐봐 난이가 있잖아! 나는 무지렁이가 말한 진열장 옆 난이를 본다 언제였던가! 물 한 번 주지 못하고 바짝 마른 난이가 있었다 난이의 이파리 닦는다 물을 준다 물을 주면서도 나는 눈물이 난다

야! 무지렁이야 난이가 왜 이렇게 되었니? 응, 말을 해 왜 말을 안 해! 왜 이렇게 되었니! 응, 무지렁이는 도망갈 곳도 없는 곳으로 도망간다

나는 울었다 잡을 수 없는 무지렁이를 쫓고 있었기 때문이다 저 무지렁이를 잡아도 그의 마음을 알 수 없으므로 나는 그의 마음을 또 잘 알기 때문에 목이 멨다

무섭다 아니 무서웠다 나는 혼자魂字라서 아무것도 없는 혼魂이라서 아무것도 아닌 글(字)이라서

鵲巢言 李箱 詩 詩題 '悔恨의 章' 차용

 재떨이

아무것도 아닌 글이다. 아무것도 아닌 글이라지만, 이 얼마나 나를 위했

던가! 열 개의 눈동자가 매일같이 보는 즐거움은 하루 특별한 일이었다. 쓰는 일은 이심전심이었다. 마음에서 마음으로 전하게 되면 모든 것이 이해가 될 때도 있었다. 깨닫기도 한다. 살신성인殺身成仁이라고 하면 우스울까 내 몸을 희생하여 인을 이룬다는 게 말이다. 육참골단肉斬骨斷이다. 싸움에 이기기 위해서는 일부의 희생을 각오해야 한다. 오늘의 일을 적고 내일을 확인하는 일 말이다.

아직도 살아 있으니까! 아니 살아야 하니까!

제 3 장

벽돌들

1

산꿩이참많은곳 백자산언덕
산공기좋고물맛 역시좋은곳
아래가훤히트인 전망좋은곳
구름도아니보는 카페 조감도

 재떨이

경산 삼성현로에 있다. 한의대 가는 방향 우측에 보면 산 중턱에 있다. 산 공기 좋고 물 맛 역시 좋다. 지금도 출근길에 오르면 까투리는 여사로 본다. 까투리뿐일까! 여기는 산 중턱이라 고라니도 쉽게 본다. 한날은 여러 마리가 무리 지어 뛰어가는 것도 보았다. 산 중턱을 무슨 마당처럼 뛰었다.

전망 하나는 참 좋았는데, 지금은 여 밑에 아파트가 들어서고 말았다. 한때 매출이 부진했다. 물론 이 도롯가에 큰 카페 두서너 곳이 더 개업한 것도 이유다. 에구 어쩌나! 이 도로 끝에 조감도 몇 배나 되는 가게가 또 개업한다고 한다. 어쩌란 말인가?

살 길 모색해야겠다.

꿩과 고라니가 지켜보고 있다.

2

사랑하는사람아 마음에꽃아
하루걷는세상이 험난하여도
펼치며열어보면 꽃은있어라
아무리힘들어도 사는맛있다

재떨이

세상사는 맛은 어디에 있을까! 내 마음을 위안하는 것은 어딘가? 한 줄 글귀였다. 두려움과 패배, 실패, 걱정 어린 그런 생각과 그 말을 덮을 수 있었던 것은 책이었다.

꽃 같은 말이 없었더라면 발전은 없었겠다. 진정한 친구가 있었다면, 가만히 앉아 바라보는 저 흰 얼굴이었다.

3

쭉뻗은길혼자서 달려보아라
가로등참외롭다 아래만보니
길은많으나단지 곧은길하나
나고가는길혼자 별빛도하나

 재떨이

모든 별은 빛을 발하지만, 제각각 다르다. 똑같은 길을 간다고 하지만, 그 경험은 각기 다르고 대하는 자세도 다르며 거기서 나오는 처세 또한 각기 다르므로 그 별빛은 다른 것과 구별된다.

남 얘기처럼 나도 그렇게 될 순 없다. 거저 참조하며 보는 것이다. 한 줄의 글귀가 다만, 용기를 심고 도전을 부추겼다면 됐다. 중요한 것은 내가 설정한 길을 갔느냐 아니면 머뭇거렸나 그것이다.

참 외롭다. 외로운 길이다.

그러고 보면 아버지는 어떻게 이리 혼자서 잘 걸어가셨을까 싶다. 대학시절이었다. 아버지는 내게 전화 한 통 주신 기억이 없다. 내가 아버지 안부를 묻곤 했다. 세월이 흘러 요양원에 계시지만, 아버지는 나에게 전화 한 통 하지 않는다. 외롭지 않을까 싶은데도 그렇다. 홀로 무뚝뚝하게 걸어오셨다.

길은 하나다. 내가 걸어가야 할 길, 외롭고 고독하지만, 아버지처럼 걸어야겠다.

4

까맣게오른새떼 닿는하늘에
수증기처럼오른 불특정구름
감으면겉도속도 아니읽히니
꿰는바위에뚫은 하얀바늘귀

재떨이

친구에게 물었다. 내 글이 어떠냐고? 충고 어린 말을 한다. 대중적인 글을 쓰고 싶다면 시는 빼라. 맞는 말이다. 읽다가 막히면 아예 덮어 버린다. 글도 잘 읽지 않는데 무슨 시냐? 아니면 한 편의 긴 시라면 그중 한 단락을 발췌해서 띄우고 재를 털어 보든지, 친구는 얘기한다. 하지만, 말놀이다. 한 잔의 커피를 두고 재미 삼아 읽으면 됐다.

근데 말이다. 가끔 시라는 이 글귀 한 편에 속 빠져드는 어떤 매력 같은 게 있다. 바늘처럼 따끔하게 뚫는 그 시원함. 역시 시인만이 알아먹을 수 있는 그 어떤 유희다. 글이 까맣게 오른 새떼처럼 보이는 것은 어쩐 일인가! 수증기처럼 잠시 피어오르다가도 종잡을 수 없는 구름이 되었다가 한 번 휘감기라도 하면 또 읽을 수 없고 그러다 무슨 암호라도 푼 듯 귀를 본다.

마치 수수께끼를 푼 듯 즐거워서 스스로 바위를 꿰 보는 일도 잦다. 소월이 말했다. 밤마다 밤마다 온 하룻밤 쌓았다 헐었다 긴 만리성, 결국 새떼를 날려 본다.

5

흰양말까만구두 특이한냄새
또박또박걸어서 하루잠자리
그리멀리가지도 않아제자리
혼자서신고씻고 닦고신어서

재떨이

하얀 종이에 까맣게 하룻길 적는다. 그게 좋든 싫든 의무감으로 말이다. 그 어떤 이의 숨소리도 아닌 특이한 냄새를 풍기며, 또박또박 걸어서 하루 잠자리를 청한다. 내 안의 숨소리를 뱉지 못하고 인생을 마감하는 사람은 얼마나 많은 한을 품고 갔을까!

뱉어라 뱉어 보자. 그러니까 시인 김수영이 지나간다. 시여, 침을 뱉어라. 기침을 하자 젊은 시인이여 기침을 하자 눈을 바라보며 밤새도록 고인 가슴의 가래라도 마음껏 뱉자.

그리 멀리 가지도 않아 제자리인 것 같지만, 수신제가치국평천하修身齊家治國平天下다. 혼자서 신어 본 하루, 결국 혼자서 씻고 닦고 다시 신어 보는 일이다. 그러면 내일이 있다.

6

흰벽에붙은매미 소리잃었나
멀리서보면오점 불빛에까만
툭건들면빠득히 날아갈매미
가을은깊고날개 폭젖은매미

 재떨이

선부지설蟬不知雪라는 말이 있다. 매미는 여름에만 사는 곤충이라 눈이란 것을 알지 못한다.

하루는 식견을 좀 가지라는 뜻에서 아들에게 말했다. 아들은 이렇게 대답했다. 매미가 굳이 눈을 알 필요가 있었을까요? 할 말을 잃었다.

나는 왜 구태여 글을 쓰고 이렇게 난리 구신을 뜨는가! 좀 더 편하게 살겠다고 오, 그런가! 그냥 편하게 살면 된다. 뭐 그리 어렵게 신경 쓰며 일을 하고 돈을 모으려고 노력하지. 베짱이처럼 기타 치며 놀 수 없는 건 천성이다. 기타를 다룰 수 없는 것도 안타까운 일이다.

매달 음악회를 열고 오고 싶지도 않은 객은 초청에 마지못해 오고, 와서 듣고 보니 또 감동하는 것이 이 카페의 운영 방식이다.

그렇게 하루가 지나갔다. 이제 흰 벽에 꽁꽁 붙은 매미가 되었다. 소리는 잃었지만, 누가 또 저 멀리서 불빛을 내며 불러내는가! 툭 건들면 살아서 빠득빠득 날아갈 매미다.

가을은 깊고 날개 폭 젖은 한 마리 매미다.

7

한잔은느끼세요 산속공기를
한잔은맛보세요 삶의의미를
한잔은이기세요 안은세계를
한잔은즐기세요 카페 조감도

 재떨이

이 글은 왜 넣나 싶다. 물론 카페 자랑이다. 자영업자 다 무너졌다며 아우성이다. 뭐 나라고 예외가 될까마는 그렇다고 가만히 죽을 순 없지 않은가! 발버둥은 쳐 보는 것이다.

사실, 우리 카페는 공기 하나는 참 맑고 좋다. 그래서 나 많은 어른들이 많이 오신다. 평균 연령대가 오십대라면 믿을까. 그렇다. 공기 좋고 물 좋으니 거기다가 커피까지 100% 아라비카로 볶아 내린다.

시끄러운 세상, 속 끓는 일 한두 가지일까! 한 잔의 그 맛에 깊은 세계를 음미하며 세상을 다시 안아 보자. 그 어떤 어려움도 이겨낼 수 있다.

베토벤도 말년에 커피 알 한 알씩 헤아리며 한 잔씩 즐겼다. 호! 이게 아닌 것 같다. 하여튼, 살아 있는 건 그 자체가 예술이다. 그대는 행위예술의 대가니까! 대가 아니라고 해도 스스로 대가라 여기자.

그 거대한 몸뚱어리로 삶의 경제를 이겨내고 있으니까.

그래도 최소한의 자본, 몸만은 성하라!

8

첨벙첨벙뛰어간 말발굽소리
억새밭긴강물에 가로지르는
잠시쉬었다가는 흐른물소리
말머리고삐잡고 끊은말꼬리

재떨이

망나니처럼 뛰어다녔다. 뭐 알고 뛰어다니는 건 아니기 때문이다. 정말 정신없이 살았다. 오십 년. 순탄하게 걸었던 것보다 힘들고 어렵고 고되고 말 못 할 사정이 더 많은 건 또 왜일까! 그래서 억새밭 같다. 길고 긴 강물에서 말이다.

인생 나그네가 잠시 쉬었다 갈 수 있는 건 그래도 한때 한철 흐른 물소리에 반응은 있어야 제대로 쉰 것은 아닐까 해서다. 에휴 그래도 누가 이런 글을 읽을까 싶어,

아예 말머리 고삐 잡고 끊은 말꼬리다.

9

가만히앉아보면 둥둥뜬구름
둘둘말아서한손 금시솜사탕
하늘가득덮었던 꽁꽁언구름
한목숨걸었다가 또지운한줄

재떨이

어찌 복도 많은 양반일쎄! 차와 커피와 한 줄 글귀다. 그러면서 속 탄다. 속 탄다. 세월아 네월아 뜬구름이나 잡고 있으니 말이다.

카페는 다섯 평으로 시작했다. 그때도 그랬다. 책만 읽고 훑고 아예 파헤쳐 보기까지 했으니까! 씩 하늘 보며 웃다가 솜사탕 같은 게 있었다.

가맹점 스물다섯 개까지 내보기도 하고 스물다섯 명의 점장님 초청해서 앞으로 일을 논하는데 구름도 얼 수 있다는 것을 알았다. 정말 한 목숨 걸었다.

히히,

싹 지웠다.

카페 조감도에 혼자 앉아 커피 마시는 것도 좋다는 것을 알았다. 죽을 지경이다. 경기도 파도처럼 휩쓸어가니까!

10
콩도다볶은콩도 빡빡간콩도
천도거름종이도 보잘것없는
거저한시름놓고 쭈욱쭉내린
타는가슴싹씻긴 거름또얹은

 재떨이

참 소심한 사람이다. 좀 대견하게 보라! 일이야 별 것 있을까 말이다. 생각한 일과 처리한 일, 그 처리한 일을 분석하며 다시 보는 것도 보잘 것 없는 찌꺼기다. 거저 한 시름 놓고 쭈우욱 쭉 내린 커피와 다를 게 없다.

가끔, 거름종이라는 말에 섬뜩하게 닿는 게 있다. 우리 몸 중간쯤 양쪽에 자리 잡은 신장이 거름종이와 똑 같아서 말이다. 어머님이 당뇨가 꽤 높다. 외가 어른들은 모두 당뇨라서 그 유전이 어디 갔을까 하는 마음도 든다. 맑은 커피를 좋아하듯이 맑은 오줌을 오랫동안 보아야겠다. 그러기 위해서는 소식과 운동이 중요하다. 될 수 있으면 장기에 무리가 가지 않게 먹고, 될 수 있으면 장기가 덜 작동할 수 있게 운동으로 이곳저곳 누비는 찌꺼기를 빼준다면 말이다.

처남은 오십 하난데 벌써 당뇨다. 주위 당뇨 환자가 많아 그 경각심을 불러일으킨다. 정말 무서운 병이다.

하루도 마찬가지다. 타는 가슴 싹 씻기는 건 이 거름종이 같은 하얀 종이다. 걸러보자.

11

늙어도옆집개는 키작은또띠
저리늙어도까만 늘종종걸음
발하면쭉뻗는발 발발이또띠
냄새나는작은개 키작은또띠

 재떨이

소월은 소월이다. 만해는 만해고 대여는 대여였다. 시인의 시를 읽으면 누구의 것인지 분명했다. 나만의 카페, 그 어디에 가도 작소가 운영하는 카페는 작소다워야 한다. 그래야 특별하다. 여기저기 분명한 카페 속에 여기저기 똑같은 집은 생존에 악이다. 살기 위해서는 남과 달라야 한다. 늘 종종걸음을 걸어도 또띠가 되어야 한다.

이렇게 써놓고 보니, 참 우습기 짝이 없다. 옆집 개는 정말 작고 늙고 지친 까만 닥스훈트였다. 발하면 쭉 뻗는다. 이 글을 쓴 지도 벌써 4년이 지났으니, 그 개가 살아 있는지 좀 의문이 든다. 너무 늙었으니까!

인간이나 동물이나 별 차이 없다. 사람도 늙는다. 가족이 늙음을 볼 때 슬프고 마음이 아프다. 정을 나누지 않으려는 아버지와는 달리 어머니는 구술구술 말씀이 많고 그 말씀을 들을 때마다 사투리와 몇 안 되는 단어인데도 의미는 통해서 간혹 웃음이 일기도 하지만, 속은 아렸다.

하루는 병원에 계셨는데 링거 주렁주렁 달고 야외 거닐다가 링거라는 말이 떠오르지 않아서 어머니는 "얄궂은 것들"이라 했다. 통했다.

우리는 모두 "얄궂은 것들" 주렁주렁 달고 있다. 그게 있으니까 삶의 의미를 찾는다. 포기하지 마라! 얄궂은 것들 때문에 내가 살아 있으니까! 그리고 쓰라 제발 쓰면서 세상을 보자. 폭폭 냄새나는 자취를 남겨보자.

12

널러서좋은자리 탁트인자리
쉽사리고른자리 숨놓은자리
폭신한앉은자리 요같은자리
언제나놓은자리 노상그자리

 재떨이

세상 참 좁다. 영 만나지 않을 것 같아도 다시 만나는 게 세상이다. 예전 무역회사 다닐 때였다. 사장님은 뭐 그리 큰 잘못을 범한 일도 없었는데 능률이 좋지 않아 오전 내내 꾸지람을 들었다. 그래도 1년을 버텼다. 사표 썼다. 정말이지 이 회사는 다시는 오고 싶지 않았다. 3년 좀 지났을까! 학교 선배이자 직장 상사였던 이사님께서 부르시는 게 아닌가! 기계를 넣고 커피를 넣었다. 호! 이런,

영업은 영업이었다. 세상은 참 좁아도 백지는 참 너르다. 어느 시인의 말을 읽은 적 있다. 백지 한 장은 백만 평, 호 웃긴다. 나는 요즘 보험 영업하면서 이런 말을 한다. 1억짜리 종신보험은 1억짜리 부동산을 갖는 것과 같다며 말이다. 사실 그렇다. 이자율이 없는 세상에 이렇게 높은 수익률에 노후까지 생각하는 상품, 자식도 못한다. 에구 말 빗나갔다.

백만 평의 땅에다가 사과나무를 심는다. 숨소리를 놓고 요처럼 덮는다. 하루 어디를 다녀와도 노상 그 자리 백만 평이다.

13
하얀눈밟고싶다 뽀득뽀드득
거품같은눈속을 지우고싶다
누가힘껏밟아라 저겉치레를
아직도벗지않은 저살얼음을

 재떨이

흰 종이만 보면 쓰고 싶다. 항칠 같은 글이라도 써놓고 본다. 뽀득뽀드득 볼펜 똥 갈기며 나아간다. 하루 일기다. 거품 같은 내 하루 상을 지워 나간다. 깨끗하게 지우자. 지우는 것은 씻는 일이다. 그러나, 이것도 누가 비평이 있어야겠지. 비평하는 마당에 발전이 있다고 했다. 겉치레에 호들갑 뜨는 건 아닐까 해서 말이다.

그러나 마음이 아프다. 세상은 그렇게 힘들게 왔다. 겉치레든 아니던 살얼음판이다. 언제 폭 빠질 그런 위험에 황소 발로 걷는다. 항칠이다.

정말 눈물 날 정도로 말 못 할 사정이 있다면 쓴다. 한동안 조용했다. 조용함이 목줄을 잡고 흔들 때, 정말 죽을 수 있겠다는 생각을 했다. 하얀 눈을 밟으며 걸어가고 싶다. 거기가 어디든 쓸 수 있었으면 좋겠다.

자 거품 같은 눈 속은 지우고 세상을 향해 힘껏 밟자.

살얼음인들 어떠랴! 황소 발도 소리는 낼 수 있다.

14

가만앉아있으면 비계를탄다
모래나자갈담긴 들통을진다
간당거리는어깨 한발씩뗀다
하늘까맣다가도 하얗게뜬다

 재떨이

대학 1년 때였다. 교재를 사기 위해 아버지께 전화를 했다. 5만 원이 필요했지만, 3만 원을 요구했다. 받았다. 다음 날, 친구가 막일 나가는 것을 보았다. 새벽에 따라 나갔다. 인력시장이었다. 안 팔렸다. 그 다음날 팔렸다. 그때 이후로 줄곧 나갔다. 89년, 90년도였으니까. 3만 원이면 모든 게 통했다. 교재는 물론이거니와 청바지도 살 수 있었다. 이것저것 용돈은 되었다. 막일은 가리지 않았다. 경산 웬만한 촌에 지붕 개량은 도맡아 했다. 들통을 지면서 말이다. 이를 그때 용어로 "대빵조"라 했다. 자갈 3명, 모레 3명, 세멘돌이 1명, 물 잡이 한 명과 대빵 이개는 일꾼 3명이다. 나는 모레였다. 쉬지 않고 지고 나르면 어느새 옥상 공굴이는 끝났다. 하늘이 정말 하얗다는 것을 느낄 수 있었다.

가만히 앉아 있으면 비계를 탄다. 실지, 나가보라! 왜 발 떼지 못하고 앉아 있나? 무엇이든 엮고 말해보라! 상대가 필요한 것은 무엇인지? 그 필요한 것을 충족시켜 주는 것이 영업이다. 사람은 누구나 필요한 것이 있다. 자신 있게 물어라? 영업의 시작이다.

15

더러운지폐처럼 당겨야한다
종일때묻은신세 끌어야한다
낡고닳아서헤면 앞날트이니
오늘도그어디든 걸레가되라

 재떨이

그레샴의 법칙이 있다. 악화는 양화를 구축한다. 더러운 지폐를 먼저 쓰는 게 인간의 심리다. 깨끗한 돈은 저장해놓는다. 어찌 보면 깨끗하다는 말은 세상을 모른다는 말과 같다.

스폰지에 스며드는 물처럼 폭 젖어야 한다. 폭 젖어야 무엇이든 닦을 수 있다. 마른 것은 도로 상해를 입는다.

세상 두루 살피는 자가 무엇이든 엮을 수 있고 그 엮은 자리에서 내 몸을 지킬 수 있다. 그러니, 세상을 먼저 닦아야 한다. 낡고 닳아서 헤면 앞날은 그냥 트인다.

우리는 모두 걸레다. 얼마나 많은 것을 닦느냐다. 많은 사람의 손을 거치면 그 많은 사람의 손을 알 수 있다. 한 번이라도 잡은 손은 내 집을 이루는 벽돌 한 장이라 생각하자.

16

나라말은나라말 한글그멋에
나의말은나의글 내멋찾는다
이웃에맞지않는 내뜻적는다
바르게서는것도 온전한내말

 재떨이

13년도였지 싶다. 처음으로 책을 냈다. 원고는 08년도였으니까, 책에 대한 머뭇거림이 꽤 길었다. 책을 좋아해서 읽기도 많이 읽었지만, 하나같이 읽으면 삶의 방향을 제시한다. 그래서 나도 낸 것 같다.

책 출판 비용은 출판사마다 다르겠지만, 집집마다 비슷하겠다. 책을 내고 보니까 책에 대한 궁금증에 질문을 참 많이 받았다. 비용은 얼마쯤 하는지, 어떤 효과를 볼 수 있는지, 또 찾아오시는 고객도 있고 전에 생각지도 못한 신임도 얻게 된다. 내 하는 일에 마케팅으로서는 톡톡히 한다. 그 어떤 마케팅 비용보다도 비교적 저렴하지 않을까 싶다. 요즘은 유튜브가 나오긴 했지만, 책은 또 책만의 매력이 있다.

우리는 참 행운아다. 세종대왕께서 이리 표음문자를 만드셨으니 말이다. 문자의 놀이는 그 어떤 민족보다도 탁월하다. 나만의 책 한 권을 만들려고 한 번 노력해 보는 것은 어떤가! 놀라움이 일어난다.

17

먹고잠자는일이 가볍지않다
하늘가볍운것이 구름쪽같다
홍시착터뜨리는 땅이더붉은
새의깃같은가을 하늘참맑다

 재떨이

부모님을 본다. 참 얼마나 많은 세월을 이겨냈을까! 오십 년 살았다. 쉽지가 않았다. 즐거움보다 고통이 좀 더 많은 나날, 지금도 어쩌면 고통에 더 가까운 나날,

예전, 암웨이 사업을 해 본 적 있다. 그때 읽었던 책이다. 앤서니 라빈슨의 "내 안의 잠든 거인을 깨워라" 98쪽에 이런 문구가 있다. "자연은 인류를 고통과 즐거움이란 두 지도자의 정부 아래 두었다. 두 지도자는 행동하고 말하고 생각하는 모든 것을 지배한다. 그 지배에서 벗어나려는 모든 노력은 오히려 그것을 드러내 확인시킬 뿐이다." 철학자 제러미 벤담의 말이다. 즐거움을 추구하면 반드시 고통이 따른다. 예를 들면 담배에 대한 즐거움은 암묵적으로 폐암에 대한 공포와 그 뒤 찾아오는 고통을 감내해야 한다. 현실이 어렵고 고통스럽다면 그 뒤 그만한 대가의 즐거움은 있을 것이다.

새의 깃 같은 가을이다. 하늘 참 맑다.

18
커피춘추전국이 꼭지금같아
지역마다고수가 어디든있어
일과뜻을펼치니 시장이크다
나를잃지않음은 공부필수다

재떨이

꼭 커피만 그럴까! 자영업 세계는 그 어떤 종목도 요즘은 다 통하는 세상이다. 춘추전국 말이다. BC 770년, 주周 왕조가 뤄양[洛陽]으로 천도하기 이전의 시대를 서주시대, 이후를 동주시대라고 한다. 동주시대는 춘추春秋시대와 전국戰國시대로 나뉜다. 춘추시대는 주 왕조가 도읍을 옮긴 때로부터 진晉나라의 대부大夫인 한韓 · 위魏 · 조趙 삼씨가 진나라를 분할하여 제후로 독립할 때까지의 시대를 말한다(BC 403년). 전국시대는 그 이후부터 진秦 나라가 천하를 통일한 BC 221년까지이다. 춘추春秋는 공자가 엮은 노魯 나라의 역사서인 "춘추春秋"에서 유래되었고, 전국戰國은 한漢나라 유향劉向이 쓴 "전국책戰國策"에서 유래되었다.

하루에도 몇 개의 커피 집이 생겨나는지 또 닫는지 모를 정도다. 내가 머문 동네도 커피 집은 여사로 생긴다. 주말 커피 문화강좌를 개최하면 아직도 여러 명이 오신다. 모두 창업에 관심이 많고 이 일에 적극적으로 임하고 싶은 분이다.

처음 카페 문 열 때였다. 1석 3박이라고 했다. 족보대로 오르면 말이다. 카페 100평은 아주 큰 것이었지만, 지금은 아예 공장을 개조하거나 몇 백 평은 아무것도 아닌 일로 보인다. 투자금액도 꽤 들어간다. 이런가 하면 소액으로 투자해서 조그맣게 시작하는 이도 적지 않다. 100세 인생을 가려면 일은 있어야 한다. 일을 일찍 손 놓은 사람은 삶의 의미도 잃어버린다.

우리나라 여행객이었다. 일본에 어느 카페를 보여주었는데 100세 노인이 커피 볶고 칠순 아들이 드립하는 모습을 보았다. 그 노인은 아무 말도 하지 않고 또 들리지도 않지만, 구부정한 허리로 빙빙 도는 로스터를 보고 있었다. 아들은 그 아버지를 보며 한 잔의 커피를 내리고 있었다.

[네이버 지식백과(두산백과)] 춘추전국시대春秋戰國時代

19

카페앉아책보면 모든일잊네
바깥은소란해도 안은조용해
한자한자걸으니 밤길수십리
내마음앉은자리 꽃길그자리

재떨이

독서는 마음 수양이다. 세상이 불안한데 어찌 책 읽을 시간이 있느냐고 한다. 하루아침을 맞으면 모든 것이 새롭다. 책 한 소절이나 작은 문장의 글귀라도 읽으려는 마음자세가 중요하다. 듣는 것이 많으면 말도 쉽게 나오는 법이고 읽는 것이 많으면 쓰는 것도 자연스럽게 된다. 낮에 힘들게 뛰어다녔다면 밤은 조용하니 혼자서 명상을 즐길만하다. 시간도 충분하다. 독서를 하고 하루를 생각하면 부끄러움과 분노, 두려움과 뉘우침이 인다. 이러한 감정은 사람이 되는 바탕이라고 했다. 잘못된 일 앞에 부끄러워할 줄 알고, 불의한 일에 분노할 줄 알며, 혹 몸가짐에 잘못은 없었는지 두려워하고, 마음자리에 허튼 구석은 없었는가 뉘우치는 마음을 지녀야 사람의 바탕이 닦인다.

밤길 수십 리다. 굳이 밤길만 밤길일까!

20

절벽에발끝서서 바라본동굴
바람에간당간당 피어있구나
하루가살얼음판 잇고걸으니
삶도죽음과같아 뭐가두렵나

 재떨이

미하이칙센터 미하이의 "몰입"을 읽은 적 있다. 암벽 등반가의 삶을 읽었다. 10개의 손가락과 10개의 발가락은 말 그대로 절벽과 사지를 더듬는 촉각의 눈이었다. 50미터가 정상이면 그 오른 후의 절정감은 그 어떤 것으로도 표현할 수 없다. 하지만, 49미터에서 더는 오를 힘이 없다면 손 놓고 말 것이다. 기가 다했을 때 그 떨어지는 마음도 그 어떤 것에 비유하여도 설명할 수 없을 것이다.

삶을 강구하는 힘은 몰입이겠다. 원시시대에서 거대한 식감을 쫓고 잡는 것은 목숨을 걸어야 했다. 팀워크와 목표물에 대한 몰입, 그리고 과감하게 던진 용기 그것이 죽음을 부르더라도 말이다. 굶고 있는 것은 사는 것도 사는 것이 아니기 때문이다.

하루 살얼음판이다. 뭐가 두렵나? 스스로 하는 일은 그 방법까지 제시해준다. 일하다 보면 말이다.

21

가을하늘맑다만 몸은무겁다
벚나무는저리도 쉽게잊는데
뜰에뒹구는낙엽 이리많아서
어찌쓸어담을까 가을은깊다

 재떨이

수심이 참 깊다. 마음에서 봄처럼 피어나는 것은 무엇일까? 마음의 뜰에 뒹구는 낙엽들, 깨끗하게 쓸어버릴 수는 없는 것일까? 무엇이 깨달음을 얻게 하고 남을 이끌게 하며 상황을 개선하여 내 원하는 곳에 이를 수 있을까? 개두환면改頭換面이 필요하다.

남이 하던 방식을 그대로 답습하여 행하는 것은 진정 내 것이 아니다. 배울 것을 배우고 배워서 안 될 것을 안 배워야 잘 배운 것이다. 진후산陳后山이 "담총談叢"에서 말했다. "법은 사람에게 달린 것이라 반드시 배워야 하고, 교묘함은 자신에게 달린 것이니 반드시 깨달아야 한다.(法在人故必學, 巧在己故必悟)"

인생도 이제 가을로 접어든다. 한 번의 봄은 지나갔지만, 마음은 다시 봄처럼 피어야 최소한 봄은 아니더라도 가을의 멋은 지킬 수 있겠다.

22

단순한일이사람 지치게한다
똑같은일도뜻을 심어서보자
하루새로움으로 나를이끈다
마치수레바퀴라 내일향한다

 재떨이

바퀴는 인류 역사에 가장 중요한 발명품 중 하나다. 무엇을 옮기는 데 매우 중요했다. 하루는 늘 반복한다. 반복적인 운동을 우리는 매일 한다. 얼마나 지겨울까! 자영업이라고 하지만, 큰 변화가 없는 일상이다. 단순한 일이다. 이 일도 어떤 뜻을 심고 추구하는 것은 역시 책이다.

나는 책에 대한 열정이 아주 강했다. 책을 어떻게 내야 하는지도 몰랐고 책을 내면 어떤 효과를 누릴 수 있는지도 몰랐다. 조-비테일의 "영혼의 마케팅"을 읽은 적 있다. 카페 손님으로 오신 고객께서 이 책을 나에게 권했는데 책에 대한 매료를 아주 잘 설명했다. 물론 독자는 생각하는 대로 보는 것이 맞다. 이 마당에 세속적으로 쓸 순 없지만, 나를 이끄는 좋은 친구는 책인 것은 분명하다.

꿈이 있다면, 좀 더 나은 내일을 원한다면 책을 쓰라. 책은 바퀴다.

23

얼굴은모든상의 받드는거울
좋든싫든거짓도 어리는눈빛
속임어린내속도 참이어야해
낱장뒤집어놓듯 두려움잊네

 재떨이

내 얼굴은 하나지만, 내가 쓴 책은 천 개의 눈빛을 가졌다. 나를 복제한 천 개의 얼굴이다. 작가가 쓴 책은 작가의 실생활과 관계없이 밤낮으로 일을 한다. 시간과 공간을 탈피한 약간의 비용을 머금고 무 임금으로 활동하는 얼굴이다.

보험이 위험성에 대한 확률과 통계의 결과물이라면 천 개의 얼굴은 하나의 얼굴로 이룰 수 없는 확실성의 확률과 통계를 이룬다. 그것뿐인가? 믿음과 확신을 불러일으키며 관계를 더욱 매끄럽게 한다. 그러므로 성공에 열망을 가진 이로 책 쓰지 않는 이가 없다.

현대판 신분제도를 바꾸기 위해서는 정당하게 쓰고 관대하게 인쇄하여야 한다. 개인의 가장 역동적인 시대를 엮기 위해서는 부정적인 황무지를 먼저 개간하고 마음의 대지에 이모작 혹은 그 이상의 비약적인 생산력을 발휘하기 위해 구태여 혼을 다듬을 필요가 있다.

청동기 시대의 호미와 낫과 괭이는 철기의 그것과 비교할 수 없다. 네트워크와 관계를 중시하는 시대에 인격과 경제의 부를 축적하려면 먼저 세상 물결의 변화에 발맞춘 천 개의 얼굴이겠다.

24

바깥은비내린다 도로바닥에
톡톡튀는빗방울 하늘의속기
기록은축축하다 굳은지면이
찢음도구길수도 없는저진리

재떨이

우리가 살아가는 길은 온통 검고 굳은 바닥이다. 아무리 보아도 답이 없다. 깜깜하다. 서민의 눈빛으로 본 세상이다. 이 거무튀튀한 바닥을 애써 뚫고 일어나려는 자가 있다. 삶의 씨앗 같은 게 발아한다.

빗방울 같은 영혼의 마케팅은 하늘의 속기다. 기록은 축축할지 모르나 굳은 세계관이다. 우리가 믿고 따르는 유일한, 인류가 발명한 두루마기의 전서 암각화, 돌의 암각화, 매일 새겨도 부족하지 않는 암각화뿐이겠다.

그대가 삶의 욕심이 있다면 새겨라. 그대의 돌에다가 하나씩 또박또박 뚜렷하고 명료하게 새겨라.

25

내마음언덕길에 눈은날리네
오르막하이얗게 눈이쌓이네
동동구르는발길 눈또날리네
씨익씨익비쓸며 눈잊고싶네

 재떨이

언제쯤 쉴 수 있을까! 눈발 날리는 삶의 현장이다.

겨울철이었다. 조감도 가는 길은 꽤 오르막이다. 눈이라도 오면 고역이다. 반나절 눈 치우느라 고생한다. 결국, 그날은 눈 치우다가 손님맞이는 할 수 없었다.

올 겨울은 날이 따뜻해서 눈 하나 오지 않았다. 눈발도 없었어, 예전보다 편하게 보냈지만, 경기 눈발은 피할 수 없었다. 눈은 동음이의어다. 사물을 보고 판단하는 힘도 얼음의 결정체도 어떻게 보느냐에 따라 낭만이 좌우된다.

약초와 독초는 한 뿌리에서 나왔다. 똑같은 풀이지만 쓰임에 따라 사람을 살리기도 하고 죽이기도 하니까! 투구 꽃의 덩이뿌리인 부자는 조선시대 한약재로 활용되었지만, 독성이 너무 강해 사약으로도 쓰였다. 독의 양에 따라 삶과 죽음이 왔다 갔다 했다.

눈발도 한 뿌리에서 나온다. 그 뿌리를 돈독히 하고 낭만을 가지게끔 쓰임이 있으려면 칼날 같은 펜 스키는 어떤가!

주우욱 미끄러지듯이 써 내려가는, 마음을 다부지게 하는 기술, 사약이 아닌 보약으로 말이다.

26

검은소에흰뿔이 돋아나있다
지우고닦아보고 선명한것은
강가잡초뿐이라 굶을수없는
얼룩소한마리가 뿔깎고있다

 재떨이

물을 끌어올리기 위해서는 펌프질을 해야 한다. 아무것도 없는 펌프에 물이 올라올 일이 없다. 바가지를 들고 물 한 바가지 아니 좀 더 조이는 맛이 들도록 더 붓고 다시 힘을 들여 펌프질 하면 물은 오른다.

내 마음의 펌프질 또한 그렇다. 아무것도 없는 마음에 내 소신의 마음과 뜻이 오르길 바란다면 그건 도둑의 심보다. 검은 소에 흰 뿔이 돋아나는 것은 무언가 읽었기 때문에 그 뜻이 생기는 것이며 그 뜻을 받아 내는 것이 백지다.

인생사 잡초뿐이라지만, 하루 한 끼 굶을 수 없듯 마음의 양식에 굶는다는 것은 있을 수 없다. 나는 언제나 얼룩소다. 흰색도 아니고 검은 소도 아닌, 오늘도 정교한 뿔을 깎고 있다.

삶이 있거들랑 팔소 같은 검은 소를 읽고 흰 뿔을 내세워보라.

27

어떤맛도없는게 참된맛이다
그러니까물맛은 맛의최고다
물처럼물과같이 행동한다면
근심과걱정따로 담지않는다

 재떨이

물을 보면 겸손해진다. 항상 밑바닥에 있으며 낮은 곳을 지향한다. 물은 항상 유연하다. 어느 그릇을 담든 그 모양을 이룬다. 노자도 말했다.

물은 색깔이 없다. 어느 쪽이든 지향하지 않는다. 아예 중립이다. 맛의 최고가 되고 싶은가! 어떤 맛도 없는 게 참된 맛이다.

에구 나는 아직 멀었다. 좀 더 낮춰야 하고 좀 더 겸손해야 한다.

먼저 다가가는 것도 물처럼 어떤 요지를 전달하는 것도 물처럼 어떤 기대도 물처럼 대한다면 근심과 걱정 따위는 담지 않을 것이다.

장자가 말했다. "수지적야불후水之積也不厚, 즉기부대주야무력則其負大舟也無力" 물이 깊지 않으면 큰 배를 띄울 수 없다.

28

곡간이두둑하면 예가있나니
두둑해지기위해 예를표한다
예를표하다보면 덕이쌓이니
덕쌓으면곡간이 중요치않네

 재떨이

몇 명의 교육생을 배출했는지 모르겠다. 나이가 젊은 분도 있었고 나이가 많은 선생도 있었다. 사회생활은 나이와 크게 상관은 없는 듯하지만, 그래도 나많은 분들이 사회를 보는 눈빛은 더 명확하다.

커피향 노트를 읽고 오신 손님이었다. 아직도 기억이 생생하다. 이리 나이 많아도 커피 할 수 있을까요? 대답했다. 물론이지요. 나이 많으신 분이 커피를 더 잘 합니다.

가게가 열리고 영업은 시작했다. 예상했던 바다. 고객에 대한 배려는 친절과 서비스 정신이다. 내 하는 일을 제대로 알리는 것, 그것은 먼저 드려야 하는 일도 있다. 새로운 메뉴가 나왔으면 먼저 맛보기로 내 보여야 하고 평가를 받아야 한다. 좀 더 나은 맛을 추구하기 위해서는 먼저 다가가야 한다.

예를 다하는 집은 외롭지 않다.

29

빡찍빡찍간커피 한잔내려요
이른아침깨운꿈 산뜻합니다
뜨거운하루열정 생각합니다
빠득빠득재껴둔 일채웁니다

 재떨이

커피는 제일 먼저 칼디가 먹었다. 물론 신화적인 내용이다. 그 시초를 말한다. 그리고 몇백 년의 서구역사 속에서 커피는 많은 것을 일깨웠다. 한 잔의 커피 속에는 다양한 영양분이 있으며 이중 특히 글로리겐산은 항암 역할을 톡톡히 한다. 항암 역할 뿐일까 미각을 곤두세우는데 지대하다. 이른 아침에 일어나 내 온몸을 일깨우는 데는 뜨거운 커피만한 것이 없다.

오늘도 빡찍빡찍 갈아본다. 갈색 커피를 말이다. 빠득빠득 재껴 둔 일 있다면 다부지게 채워보자.

오카 키타로 "커피 한 잔의 힘"을 읽어 보시기 바란다.

30

꽃을샘하다보니 바람은크다
꽃이있으니보는 세상도크다
꽃은피어서밝은 세상환하다
꽃이보이지않는 꽃이칼같다

재떨이

경쟁이 없으면 발전이 없다. 내가 커피를 시작할 때는 인스턴트시장이 주였다. 커피 전문점이 차지하는 커피 시장은 아주 미약했다.

지금은 크게 바뀌었다. 커피 볶는 것도 예전엔 큰 공장에서 했다면 이제는 아주 작은 카페서도 쉽게 볼 수 있다. 그만큼 관련 기기 보급률 또한 좋다는 얘기다.

경쟁자가 있으니 가는 길이 명확하며 세상도 크게 보인다. 하지만, 뚫고 가는 길 또한 더욱 조밀해서 칼처럼 좁다.

이 글을 쓰는 시점이 2월이다. 곧 꽃샘추위가 닥칠 것이다. 기어코 핀 꽃이 안 떨어지려고 무작정 쓴다. 꽃이, 보이지도 않는 꽃이

31

경첩풀린문겨우 붙어있었네
찍찌그덕문여니 또흔들리네
세상다그대론데 문흔들리네
이미지운문열어 볼수없었네

 재떨이

내 하는 일에 가치관은 있어야겠다. 가치관이 흔들리면 모든 것이 흔들린다. 그간 꾸준히 해온 어떤 중요한 행위, 그 카페만의 특색, 카페의 비전과 가치를 잃는다면 말이다.

우리는 매주 토요일은 커피 문화 강좌를 개최했다. 무료다. 영 무료는 아니다. 커피 재료 값 만 원만 받는다. 약 세 시간가량 커피가 무엇인지 에스프레소, 라떼, 로스팅, 드립 순으로 4주 진행한다. 다섯 평 가게를 시작할 때부터 줄곧 해온 일이다. 여기에 책 출간도 꾸준히 해왔다. 흠 많았지만, 좀 더 잘하기 위해서 해온 일들이다.

세상은 늘 그대로다. 내가 20년을 했던 단 2년을 했든 선택은 엄연히 고객의 몫이다. 선택되지 않는다면 나는 죽은 것과 별반 차이가 없다. 때에 맞춰 힘써야 할 일을 아는 사람이 천하의 준걸(識時務者在乎俊傑)이라고 했다.

문을 다지며 다시 그 문을 열어 본다.

32

칼에벤손아물고 손은바빴다
앞에서끌고뒤에 올려따랐다
헉헉거리는계단 타며올랐다
따라온저승사자 어깨동무다

재떨이

사는 것이 사는 것이 아니다. 치열한 경쟁 끝에 삶이 있었던가, 일에 대한 고민과 번뇌로 밤낮 애만 태웠다. 사는 방법을 잘 알았던 것 같아도 실지 그렇지 않았다. 남들보다 좀 나아진 것 같아도 자세히 들여다보면 실속이 없고 빚만 늘었다. 오히려 바쁜 일상을 만들었으며 계단 없는 계단을 스스로 만들고 스스로 오르다가 제풀에 지쳐 나자빠지는 것과 같았다. 그래도 이것이 좋지 않은 것인데도 불구하고 나는 좋았다. 늘 따라오는 저승사자가 마치 내 어깨동무처럼 말이다.

100세 시대, 일생의 일을 가진 사람은 행복하다. 자위다.

토마스 칼라일이 지나간다. "명확한 목적을 가진 사람은 가장 험난한 길 위에서도 앞으로 나아가지만 아무런 목적이 없는 사람은 가장 평탄한 길 위에서도 움직이지 못한다."

33

하루가바늘처럼 가늘고곧다
틈새햇볕과같이 희망품는다
따끔한통증처럼 오늘보아라
깁고아린자리가 내일여문다

재떨이

하루가 바늘이라면 내일은 밝겠다. 삶의 진리 같은 게 있어야겠다. 인생 전체를 본다면 그 하루를 끄집어내어 봐도 그 전체를 알 수 있겠다. 아무리 들여다보아도 하루는 인생의 표상이다. 한 번밖에 주어지지 않은 우리의 삶, 우리는 그 인생을 어떻게 살고 있는 것인가! 하루가 무의미했다면 우리의 인생 또한 무의미한 것이다. 이 얼마나 서글픈 일인가! 아무런 의미도 없고 한낱 미물도 아닌, 우리의 삶이 아니던가.

그러나 느리게, 천천히 가더라도 요점은 분명히 하자. 속도를 선택하면 풍경은 사라진다. 누구나 각기 제 속도가 있다. 그에 맞춰 꾸준히 행하는 것이 중요하다. 한 방울의 물도 바위를 뚫을 수 있고 노끈이 나무를 자른다고 했다. 20여 년을 걸었다. 구부정한 허리로 커피를 볶고 위험에 대한 보장을 하면서 한 잔의 커피를 마시고 싶다.

오늘도 하루 깁고 아린 자리가 자꾸 욱신거린다.

34

목련꽃망울망울 꼬잡게핀다
맘껏햇볕받으며 더럽게핀다
자가꽃샘바람도 잊었는갚다
이속도흠많아서 자꾸피난다

 재떨이

글 잘 쓰는 사람은 아니지만, 무작정 써보는 것이다. 시는 비유다. 목련을 목련으로 보지 말고 꽃샘바람도 꽃샘바람이 아닐 때, 시는 볼 수 있다.

매일 목련을 본다. 특별한 일 없으면 말이다. 나에게는 하얀 종이가 목련이다. 그 한 장의 잎에다가 하루 일기를 써 내려간다.

하루를 보내는 것도 그냥 보내지는 않았으므로 순간순간의 일과 묘사가 나온다. 어느 누구든 제각각 고민이 있고 풀어야 할 문제가 있다. 아무리 돈이 많아도 모든 것이 풍족해도 말이다. 그러나 일반 서민이야 문제거리가 어디 한두 가지일까!

퇴계 이황도 세종대왕도 어디 다녀오셨거나 나가셨거나 그 선생들이 무엇을 동반했거나 아니면 무엇으로 대체되었거나 꼼꼼히 적어보자. 잘잘못이 보인다.

꽃샘바람이 분다.

꽃이 좋고 그름이 따로 있을까
그대 색깔로 보는 세상 관점이
독특한 양식이라
뜻을 세우니
한 치 흔들림 없는 풍을 만들라

35

여린봄날개나리 섬섬피었네
어느시대든총총 변함없으리
이내몸은늙어서 보며좋아라
돌아서집에가면 저리피겠지

재떨이

개나리도 한 철이다. 노랗게 핀 도롯가를 달리며 어디론가 가고 있다. 개나리가 피었는지도 모르고 정신없이 살았다. 1년이 하루처럼 느낄 때도 있으니 말이다. 그런 나를 저 개나리가 보면 뭐라고 할까!

같은 생물이다. 저리 추위를 이겼으니까 개나리도 피는 거다. 호주나 그 외, 따뜻한 지방에서는 개나리를 볼 수 없다고 한다. 겨울이 없기 때문이다. 인생이 마치 겨울처럼 느껴질 때가 있다. 안식은 그 끝인가?

아이고 아서라! 고민은 많지만 그 고민도 일이 있으니까 좋은 것이다. 사냥개도 묶어놓으면 풀 죽는다. 무언가 쫓고 있을 때가 가장 행복하다. 일을 쫓는 우리, 가장 행복한 시기다.

집에 가고 싶은 사람이 누가 있을까마는 살아생전에 충분히 일을 하고 느끼며 또 엮어 나의 역량을 충분히 발휘해 보자.

36

바쁜생활에일기 공부최고네
삶문학사업까지 곁들어보네
하루지나면잊어 꼭적어두세
미치지못한용량 덤으로갖네

 재떨이

왜 책을 읽을까? 그리고 요즘 젊은이들은 책을 볼까! 생각보다 많이 읽지 않는다. 예전에는 검색순위가 네이버나 구글이었다면 요즘은 유튜브다. 그만큼 영상문화에 젖어 있다.

내가 젊음 일 때는 책을 참 많이 읽었다. 그것도 경제와 관련된 책을 좋아했다. 가령 "죽은 경제학자들의 살아 있는 아이디어", "경제학 향연", "경제학 산책" 등, 왜 경제와 관련된 책을 보았을까? 어떻게 하면 돈을 벌 수 있을까 같은 생각에서다. 그리고 성공과 처세에 관한 책, 가령 "정상에서 만납시다", "내 안의 잠든 거인을 깨워라", 더 나가 "문명의 붕괴", "총, 균, 쇠" 등 그리고 시학에 빠졌다. 시라는 책은 죄다 끌어 모아 읽기 시작했다. 그 모든 것들이 하나같이 삶의 근본적인 문제에서 출발했다. 어떻게 하면 잘 살 수 있을까 같은 생각에서다.

살아가는 데 있었어, 요즘 젊은이는 어떻게 생각할지는 모르겠지만, 나는 아직도 펜과 종이가 가장 강력한 무기라 생각한다. 메모하는 습관과 틈나면 일상을 적어보는 일, 정말이지 가장 완벽한 삶의 처세다.

37

척척봄비내리네 촉촉꽃젖네
촐촐흐르는마음 축축씻네만
씻어도씻지못할 하늘뜬구름
빵같이뭉쳤다가 끊어졌다가

죽죽내리는봄비 꽃떨어질라
꽃핀날얼마라고 봄비내리냐
애써맺은꽃잎들 더한꽃잎들
오며가는손뚝뚝 애꿎은봄비

 재떨이

한 편의 시는 한 편의 글 놀이다. 시가 주는 특별한 의미도 있겠지만, 특별한 의미 없이 형태와 의태와 의성으로 그 모습을 드러내는 것도 있다.

위 시는 형태미도 갖췄지만, 의태어가 더 와 닿는 시다. 시 1연에서는 척척, 촉촉, 촐촐, 축축, 시 2연에서는 죽죽, 뚝뚝으로 봄비를 표현했다.

언어 유희적 표현이지만, 읽는 맛이 있다.

38

장자의나비처럼 꿈꾸는기방
퍼뜩깨치면여적 좁은장자방
이슬처럼폭젖는 까마귀날개
덧없이거꾸로산 자욱한안개

 재떨이

호접지몽胡蝶之夢이다. 장자莊子의 제물론齊物論편에 나오는 얘기다. 장자는 중국 전국시대의 사상가로서 성은 장莊, 이름은 주周다. 전쟁이 끊이지 않는 불안한 시대에 살았던 그는 인간의 참 자유가 무엇인지를 사유하게 되었고, 그 자유를 추구하는 일에 평생을 바쳤다.

장자가 어느 날 꿈을 꾸었다. 나비가 되어 꽃들 사이를 즐겁게 날아다녔다. 그러다가 문득 깨어보니 자기는 분명 장주가 되어 있었다. 이는 대체 장주인 자기가 꿈속에서 나비가 된 것인지, 아니면 나비가 꿈에 장주가 된 것인지를 구분할 수 없었다.

장주와 나비는 분명 별개의 것이건만 그 구별이 애매함은 무엇 때문일까? 이것은 사물이 변화하기 때문이다. 꿈이 현실인지 현실이 꿈인지, 그 사이에 어떤 구별이 있는 것인가?

장주와 나비 사이에는 피상적인 구별, 차이는 있어도 절대적인 변화는 없다. 장주가 곧 나비고 나비가 곧 장주라는 경지, 이것이 바로 여기에서 말하고자 하는 세계이다.

물아의 구별이 없는 만물일체의 절대경지에서 보면 장주도 나비도, 꿈도 현실도 구분이 없다. 다만, 보이는 것은 만물의 변화에 불과할 뿐이다. 이처럼 피아의 구별을 잊는 것, 또는 몰아일체의 경지를 비유한 호접지몽은 오늘 우리의 덧없는 인생을 말하는 것은 아닐까!

현실과 대립한 커피와 시다.

39

카페문열어이년 경영원없네
더는힘들어서호 못팔아죽네
그러니까이태면 커피는족해
더는마셔도맛은 그늘만깊네

아서라그래도마 카페하자네
할것도없고놀면 돈만쓰니까
감옥도옥구슬도 이것만못해
데구루루굴러도 내카페좋네

재떨이

커피가 이 나라에 들어온 지 벌써 백이십 년을 훌쩍 넘겼다. 커피는 시대마다 늘 유행이었다. 1910년대 거리문화의 선구주자였던 깃사텐(끽다점)이 있었는가 하면 30년 대 시인 이상이 운영했던 카페 '제비'라는 다방도 있었다. 40년대 다방문화는 전등에 뛰어드는 불나방까지 비유했다. 50년대 인스턴트커피의 시작을 알리는 미군 PX의 군용물자가 보급되었고 이것으로 6·70년대 인스턴트커피의 본격 생산과 다방 영업의 유행이 있었다. 80년대 인스턴트커피의 양대 산맥인 동서와 네슬레의 대립과 발전 90년대 커피 전문점의 테이크-아웃 열풍이 있었으며 2010년대 커피 시장규모는 4조 원을 넘기기도 했다.

20년대, 현재 커피 전문점은 보다 더 진화해서 거대 공룡처럼 군데군데 들어선 카페를 눈여겨 쉽게 볼 수 있다. 이런 와중에도 작은 커피 집은 군소난립한 상황이다.

에휴, 숨 막히는 삶의 현장이다.

40

담은것도한모금 담은잔같아
느낀것도쓴것도 비운잔같아
오늘도커피한잔 허허잔같아
담고비우고씻고 내나잔같아

 재떨이

성찰省察이라는 말이 있다. 자기의 마음을 반성하고 살피는 것을 말한다. 성과 찰은 모두 살핀다는 뜻이다. 커피 한 잔 내리고 내린 그 커피를 잔에 담으려면 먼저 잔을 살펴야 한다. 깨끗한지 제대로 데웠는지 말이다. 제대로 담은 커피는 맛도 다르다. 맛이 제대로 우러나온다는 뜻이다. 하루를 그 잔처럼 비우고 씻고 담는다면 하는 생각을 해 보았다. 잔은 역시 잔다워야겠다.

선택과 집중, 그리고 눈여겨 볼 수 있는 잔
이 중 딱 하나를 선택한다.

커피를 담는다.

41

좁은무대환하다 가릴것없다
시간도너무짧아 보잘것없다
한번스쳐가는길 상처만깊다
비우고또비워서 옹이샘같다

재떨이

세상 참 좁다. 좁은 무대 같다는 생각을 많이 한다. 말의 힘은 놀랍기만 하다. 한 사람 거치면 모르는 사람이 없다고 한다.

인생 100세다. 하루는 카페에 칠순에 가까운 할머니께서 오신 적 있다. 캐러멜 마키아또를 주문하신다. 그렇게 한두 번, 그리고 종종 오셨다. 친했다. 할머니는 독일 간호사로 일한 적도 있으시다. 일본인 남편과 생이별로 지내시고 딸 둘, 아들 하나를 뒀다. 할머니는 종종 요양원에 가시는데 왜 가시는지 물었다. 어머님이 구순이신데 허리가 좋지 않아 간병 보러 가신다 했다.

누죽걸산이라는 말이 있다. 무슨 사자성어처럼 보인다. 신문에서 읽었다. 누우면 죽고 걸으면 산다는 말이다. 하루 편안하게 동네 한 바퀴 도는 것은 건강의 기본이겠다.

옹이는 써서 버리자.

42

커피처럼어둡다 한통의전화
밤과같은어린길 달처럼뜨다
눈뜨고펼쳐보아 볼길이없어
환한낮도밤이라 눈물어린길

어머니살았을제 만져보라고
다시더한번꼬옥 안아보라고
카페오신님께서 부탁합니다
결코잊지말라고 당부합니다

 재떨이

올해 어머님 연세 75세다. 당뇨 앓은 지 20년이 넘었다. 요즘 들어 부쩍 전화가 잦다. 일주일 몇 번씩 병원에 모셔다 드린다. 적적하면 또 촌에 가보기도 한다.

어머니는 시인보다 더 비유를 잘 놓으신다. 한날 앞이 잘 보이지 않을 때 이렇게 말씀하셨다. 마치 먹물 한 방울 탁 떨어진 것 같다. 애가 탄다. 당뇨가 얼마나 무서운 병인지 실감하기도 해서, 50인 지금 뭐 먹는 것도 조심스럽고 하루 운동하지 못하고 보내는 날은 더욱 답답할 때도 있다.

건강하게 100세 가자.

43

은행잎파릇한데 눈감깁니다
감은눈다시뜨면 은행잎한잎
바람도좀불어서 잎흔드는데
가지에새파랗게 피는은행잎

 재떨이

하루는 구미에 사는 조카를 보았다. 요즘 뭐하느냐고 물었다. 편의점에서 아르바이트한다고 했다. 시급이 8,590원인데, 시급대로 받지 못한다. 업주는 비밀리에 아르바이트와 타협해서 시급 좀 못한 금액으로 지급한다. 업주도 어쩔 수 없는 일이다. 아르바이트는 더욱 구하기 어렵다.

자영업자의 경제는 거의 메말랐다. 인건비 상승과 내수부진, 과다경쟁과 물가 상승에 엎친 데 덮쳤다. 눈 뜨면 은행잎이 간당거리고, 간당거리는 은행잎에 다시 눈만 감는다.

커피 시장만 보더라도 쉽게 알 수 있다. 커피 가격은 이상하게도 자꾸 내려간다. 생두는 오르고 가공커피는 조금이라도 올라야 맞는 말인데도 과다경쟁에 거저 서비스로 이문 없는 장사를 한다.

소득주도 성장의 폐단이 아닐 수 없다.

44

봉정만리인생길 먼먼구만리
펼쳐날면다다른 어둔저승길
지난자국밟으며 걸어넘는길
바른인생뜻이면 붕새같은길

 재떨이

봉정만리란 장자가 꺼낸 이야기다. 붕은 참새보다 훨씬 큰 새다. 붕이 날아간 만리라는 뜻이다. 참새가 말했다. 우리는 숲을 날아도 만족하는데 저 붕은 얼마나 날아야 만족하느냐? 장자의 얘기에서 참새는 소인배다. 붕은 큰 사업을 말하기도 하고 원대한 목표나 대인의 웅대한 뜻을 말하기도 한다.

어둡고 끝이 보이지 않는 북쪽 바다에 곤鯤이라는 큰 물고기가 있었는데 얼마나 큰지 몇 천 리나 되는지 모를 정도다. 이 물고기가 변해서 붕이 되었다. 날개 길이도 몇 천 리인지 모른다. 한 번 날면 하늘을 뒤덮은 구름과 같았고(鵬之背 不知其幾千里也 怒而飛 其翼若垂天之雲), 날갯짓을 3천 리를 하고 9만 리를 올라가서는 여섯 달을 날고 나서야 비로소 한번 쉬었다.

참새가 어찌 붕을 알랴!

45

잠근문고리처럼 묶은운동장
수십만군사처럼 사열한빗물
우산없이걸었던 쏟은커피라
씁쓸한오감으로 혀끝맴돈다

재떨이

그 어떤 글이라도 잘 쓴 것이 있을까! 혹자는 성경이 있지 않은가 하며 답한다. 맞다. 혹자는 논어도 있다고 한다. 맞다. 예수와 공자가 아닌데 무슨 책이냐고 묻는다. 부끄럽다. 그러니까 글 놀이다.

자성하는 마당이다. 어휴 이것 자성하는 마당일까! 시간 죽이는 일일 수도 있고 정말 주기도문처럼 우물우물 거리는 신음 같기도 하다. 죽 써놓고 보면 잠근 문고리지만, 언제 또 풀어놓은 듯 묶은 운동장이다.

문자만 보면 수십만 군사처럼 보일 때도 있다. 실지 내 속물이기에 나의 군사다. 사열한 빗물이다. 우산 없이 걸었던 쏟은 커피의 결정체다.

씁쓸한 오감으로 혀 끝 맴돈다.

46

고양이도제새끼 저리좋아서
어디멀리가면은 물고오는데
어디라도다칠까 걱정되어서
어두운보금자리 꼭꼭숨겼데

선한말은허물을 남지않으니
누구나접속해도 그냥보는일
훤하고보기좋은 예사필봉도
문빗장은없어도 가질수없네

 재떨이

천망회회 소이불실天網恢恢疎而不失이다. 하늘의 도는 넓고 넓어서 드문듯해도 잃지 않는다는 말이다. 노자가 말했다. 성인군자의 말씀은 천망회회와 같다.

말을 적게 해야 비방이 줄어들고, 욕심을 줄여야만 몸을 보전한다고 했다.(과언성방寡言省謗, 과욕보신寡慾保身) 어찌 보면 말과 글은 고양이 제 새끼 다루듯 해야 하는데 괜한 짓거리 하나 싶다.

47

아프리카에사는 바오밥나무
제자리홀로서도 수천년살아
구름비바람한때 지나는추억
아직도뽑지못한 바오밥나무

참웃기지하루는 나무아래서
나무처럼살다가 잎을틔우지
하얀꽃바라보며 생각다지지
절대뽑지못할저 바오밥나무

 재떨이

이것은 바오밥 나무인가? 그냥 똥 막대기인가? 한마디로 말하자면 똥 막대기다. 당분간 뽑혀나갈 나무는 아니지만, 잠시 잠깐 어쩌면 번쩍 어딘가 튀어 오른 그런 똥 막대기, 그래도 이것이 있었어, 하루 성찰하며 하루를 버텼다. 문학은 그런 것 같다. 위안이었다.

48

오늘은감자처럼 떠나고싶다
상자에담은감자 버릇이없는
집집이엉겨붙은 감자요리로
낯선곳안가리는 길동무처럼

물에폭담근감자 정을씻어요
한겹도려낸가슴 하얀약속을
당신뜨겁다고요 미치겠어요
까만프라이팬에 다볶은감자

 재떨이

시인의 영광은 자신이 쓴 시가 비가 될 때다. 마음의 마당에 온갖 낙엽과 이물질을 쓸어 낼 수 있다면, 좋은 시다. 시 한 수 건지려고 밤새 무서리가 저리 내리고 내게는 잠도 오지 않았나 보다.

49

미당은무뇌아라 모시인의말
정치적격변의일 보아넘기는
친일도칭송가도 빠뜨린시집
무엇이전집이냐 웃어보는일

미당살아서보면 영아니다며
곰방대후려칠일 꼬집어볼일
쏜화살에애타는 강물언저리
애비종처럼그냥 배를깐구름

재떨이

미당 시 전집을 읽었다. 전라도 특유의 사투리를 읽을 수 있었다. 그의 숨소리를 느낄 수 있는 당시 대여와 쌍벽을 이루는 시인이었다. 대여의 시 전집도 읽었다. 몇 번 읽었는지 모를 정도다. 두 시인은 우리 문학의 깊이를 더욱 돈독히 한 것은 분명했다. 하지만, 한때의 잘잘못은 있었다. 친일 말이다. 오점을 너무 크게 남겼다.

50

처서면귀뚜라미 소리듣지요
처서면귀뚜라미 볼수있지요
귀뚜르르귀뚜러 가을은오고
귀열며곱게들어 가을은가고

주방에귀뚜라미 가득하네요
귀뚜라미잡아도 귀뚜라미뿐
귀뚜라미위보며 허허웃지요
새카만귀뚜라미 살아울어요

 재떨이

또다시 가을이다. 처서면 귀뚜라미가 기똥차게 운다. 그것도 용하게 주방에서 운다. 이제 환청까지 들릴 정도다. 나의 삶의 주방은 다섯 평도 안 되는 골방이었다. 하루 최소 네댓 시간 정도는 머문다. 읽고 쓰고 보고 뜯고 그러면서 보낸다. 그래도 하루 일에 피곤해서 이것저것 머뭇거릴 때도 잦다. 그렇게 귀뚜라미를 보고 귀뚜라미를 만든다. 살아 숨 쉬는 너의 매력에 처서는 그렇게 간다.

51

죄짓고못산다며 옛말있었지
하루도죄안짓고 살아봤으면
풀칠도여러가지 지우지못해
사지다끊고아예 콱죽었으면

지은죄사라질까 만고끝는죄
밤마다울어쌓는 저까마귀떼
밤이라죽지못해 늘어졌다데
누가이리죄짓고 와서앉았데

 재떨이

“말을 적게 하고 좋은 벗을 골라 사귀면 후회하거나 잘못을 저지르지 않을 수 있고 근심과 치욕에서 벗어날 수 있다.(簡言擇交, 可以無悔吝, 可以免憂辱).” “말을 많이 해서 이득을 얻음은 침묵하여 해로움이 없는 것만 못하다(多言獲利, 不如默而無害).” “밀실에 앉아서도 큰길에 있는 듯이 하고, 작은 마음 모는 것을 여섯 마리 말을 몰 듯하면 허물을 면할 수 있다(坐密室如通衢, 馭寸心如六馬, 可以免過).” “이름에 힘쓰는 자는 그 몸을 죽이고, 재물이 많은 자는 그 후손에게 재앙이 있다(務名者殺其身, 多財者禍其後).”

송나라 때 이방헌이 쓴 성심잡언省心襍言에 나오는 말이다.

52

가는길졸지말고 쉬었다가자
식사한끼용변에 커피도한잔
탁트인강산보며 탁틔운마음
다시가는길씽씽 시원히가자

가다보면휴게소 꼭들러보자
간다고그냥가면 더빨리간다
이보전진을위한 일보는후퇴
다시가는길생생 시원히가자

 재떨이

먼 길을 갈 때는 몇 시간이고 운전하며 가지 않는다. 휴게소에 들러 잠시 쉬었다가 간다. 쉼은 다시 가는 길 훨씬 능률적이다. 인생도 그렇다. 우리의 마음을 잠시 놓일 수 있는 휴게소 같은 곳은 어딘가? 안중근 의사는 일일부독서 구중생형극一日不讀書口中生荊棘이라 했다. 하루라도 책을 읽지 않으면 입안에 가시가 돋는다.

잠시 쉬었다가 가자. 분명 좋은 방법이 나올 것이다.

53

불빛밝은등아래 팥빙수볼때
혼자팥빙수먹고 팥맛을알때
다시못먹을이맛 바닥을보며
마지막팥알까지 들어올리며

재떨이

팥빙수 같은 책을 볼 때 팥빙수처럼 그 책의 맛을 알 때 바닥을 훑으며 일상사를 써내려 갈 때 한 권의 책으로 묶을 수만 있다면 어떤 고독도 감내할 수 있겠다.

숟가락 빈 그릇에 담가 놓을 때
수세미로 빈 그릇 박박 닦을 때
다 닦은 빈 그릇을 엎어 놓을 때
언제 열지 모르는 투박한 그릇

잠시라도 열어 볼 수 있는 책, 한 때 작소가 있었다는, 세상 까맣게 닫아걸고 꽂아 둔 일은 없을 것.

54

하얗고검은음반 이것은무대
삶과죽음의세계 디딤돌같은
수많은지침속에 하루걷는길
힘껏그래때려라 소리질러라

재떨이

세상은 단 두 가지 색깔로 구분된다. 하얗고 검다. 좌측이냐 아니면 우측, 삶과 죽음의 갈림길 마치 디딤돌 같이 긴 강물을 건너간다.

피아노 건반처럼 삶은 그렇게 걸었다. 하루라도 생의 의식을 표 내지 않은 적 없고 그 속에 선택은 또 참이든 거짓이든 두드려야 했다.

참된 것은 무엇이었던가? 정직과 근면, 그리고 주어진 일에 대한 책임감과 성실, 무엇보다 중요한 건 그 어떤 일도 반드시 실행해 보았다는 것, 그러면 잘못한 것은 무엇인가? 게으름과 터무니없는 투기와 자만이 아니었을까, 간혹 아주 큰 것을 잃고 다시 깨닫는 경우가 많다. 이것이 결코 더 늦은 시기가 아니길 바랄 뿐이다. 활동이 가능하고 책을 볼 수 있다면 다시 일어설 수 있다. 물론 아주 큰 실수로 모든 것을 잃지 않는 것이 중요하지만, 인생은 꼭 그렇지만도 않은 것 같다.

55

문학은남을보고 나를보자는
통찰하는삶의길 그런문학은
남알고나를알고 우리를돕는
진정그런문학은 몸소깨닫는

재떨이

문학은 사상이나 감정을 언어로 표기한 예술의 한 분야다. 시나 평론, 소설이나 희곡, 수필 따위가 있다.

나는 소설이나 희곡은 많이 읽지 못했다. 시나 평론은 그래도 학자가 아닌 사람으로는 좀 읽었다고 표현하기는 그렇지만, 꽤 취미로 두었다.

바쁜 생활에 소설은 손에 잘 익지 못했지만, 시는 짧지만 많은 것을 생각하게 한다.

한 가지 더 읽어야 할 분야는 역사다. 사마천의 사기는 인간의 오만 군상을 다 담아 놓았다. 사기를 읽으면 인간의 사회상도 중요하지만, 사관으로서 사회를 관찰하고 묘사하는 능력에 있다.

이는 깨달음의 그 이상이다.

56

그득담은탁자에 그대눈썹에
먼절집바라보는 이시궁창에
지렁이용트림도 볼썽사납고
닿지않는하늘에 금간쪽박에

재떨이

인생이라는 탁자에 우리는 무엇을 담아 놓았나? 내 삶의 탁자에 누가 와서 뭐라도 집을 수 있는 베풂은 있었던가!

한 권의 책은 그 사람의 인격이다. 책을 선물하는 것은 내 모든 것을 내어 주는 것이다. 한 권의 책을 쓸 수 있다는 것은 풍부한 경험도 있어야겠지만, 문학적인 소양도 갖춰야 한다. 글을 쓸 수 있는 표현 능력 말이다. 글을 조리 있게 쓴다는 것은 말도 분명하게 할 수 있다. 말을 잘할 수 있다는 것은 그만큼 상대에게 내가 전하고 싶은 뜻을 분명하게 했다는데 있다. 소통은 상호간의 목적에 부합하는 것이고 그만큼 서로의 뜻을 풍족하게 한다.

분명 작은 책자다. 가야 할 길이 멀다. 아직도 시에 허덕이고 있다. 그래도 이것이 작은 눈썹만큼만 이라도 되었으면 좋겠다.

57

알알포도한송이 맛은두송이
쟁반위에한송이 쟁반한아름
알알포도한송이 손은두송이
멱딴노을한송이 비꽃두송이

 재떨이

추상화는 아주 복잡한 현실을 간단하게 표현하는 것을 말한다. 사업은 온몸으로 예술을 하는 것이다. 그 모든 것을 한눈에 표현할 수는 없겠다. 가볍게 간단하게 상대에게 전달할 수 있는 그 무엇은 무엇인가?

스타벅스의 로고는 추상화인가? 처음에 등장한 로고는 사실적이고 설명적이었다면 지금은 좀 더 단순화 한 것 같다. 맥도날도 로고는 단순하다.

복잡한 세상에 복잡한 것을 보고 느끼며 사는 사람은 많지 않을 것이다. 뭐든지 단순화하는 것, 필요하고 중요한 것을 통합하여 하나로 만드는 능력, 세계를 단순화하여 네모로 만들거나 그 외 여러 함수관계를 몇 개 되지 않는 도형으로 축약하며 연결할 수 있는 능력은 있어야겠다.

멱 딴 노을 한 송이에 글과 이상을 추구했다면, 더 바랄 것도 없겠다.

58

피아노를넣다가 협주곡처럼
무너지는한사군 이는악물고
돛과닻의자음이 받든모음들
흔들림없이죽은 별의빛잔치

 재떨이

가끔 혼자 피식 웃는다. 삶이 힘들고 어려워도 순간순간 찾아오는 즐거움은 있었다. 음악회는 우리가 개최한 카페 행사로서는 비교적 괜찮은 사업이었다. 비록 소모적인 행사지만 말이다.

카페를 찾는 고객께 많은 감동을 안겨다 주었다. 어떤 카페는 꽤 유명한 연예인을 초청하여 아예 돈벌이로 전락하는 곳도 있다. 우리는 돈벌이보다는 동참하는 데 의의를 더 두었다.

주위 재능 있는 분이 꽤 많다. 정말 놀라운 일을 본다. 경제가 좀 더 안정적이고 발전적이었으면 좋겠다. 많은 사람이 부담감 없이 즐기는 음악회가 되었으면 좋겠다.

당신은 평범하게 살기를 원치 않으면서, 왜 평범하게 사는가?

59

장작팼던아버지 도끼를잊고
장작처럼누웠네 장작물었던
도끼는하루동안 비맞고섰네
장작을생각하네 비를맞으며

재떨이

인간은 늘 단단하고 영원한 것을 좋아했다. 남태평양의 이스터 섬에 놓인 모아이를 보라. 인간의 몇 배나 되는 거석이다. 저 먼 곳 바다를 향해 바라보고 있다. 좁은 섬 지역에서 얼마나 탈피하고 싶었으면 저 거석을 만들고 옮기고 새웠을까!

도끼로 찍어도 깨지지 않는 것들, 도끼를 꿈꾸며 가는 사람들이 얼마나 많은가!

장작 같은 세상사다. 많은 장작을 패보면 안다. 한 번으로 내려 칠 수 있는 것들이 있고 여러 번 들러서 이루는 것도 있다. 아예 자를 수 없는 것들도 있다. 이는 그 어떤 계약도 할 수 없는 독수공방의 자루다.

비 맞는 날이 많이 없었으면 싶다.

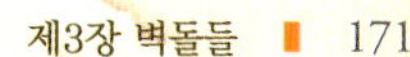

60

역사를잊은민족 미래는없다
구한말단재말씀 어찌잊으리
우리역사의식은 근원의인식
뿌리를잊은민족 어찌있으리

 재떨이

구한말 단재의 말씀이다. 역사를 잊은 민족, 미래는 없다. 역사는 과거에 머무는 것이 아니라 미래를 향한 교훈이다. 한 국가의 역사가 있다면 개인의 역사는 일기겠다. 한 오십 년 살아보니, 한 오천 년 흘러 온 것 같은 느낌이 간혹 든다. 반복적인 년, 반복적인 봄과 여름 그리고 가을과 겨울을 대했다. 그리고 반복적인 하루는 오천 년 전에도 있었고 지금도 그렇다. 그 하루를 맞는 방식이 조금 다를 뿐이다.

원시시대는 작대기를 이용했다. 뭔가를 확인하기 위한 방법이거나 뭔가를 잡는 도구였다. 지금은 연필을 사용하거나 젓가락을 집는다. 무엇을 먹어야 하는 것은 똑같다. 그것이 무엇이냐에 따라 쓰이는 것이 다를 뿐이다. 하나가 모여 우리를 만들고 우리가 국가와 민족을 이루듯 하나하나가 잘 되어야 우리 모두가 성하다. 무엇이 잘 못되었는지 하루를 정리하며 들여다본다.

61

밤송이몇장쥐고 담은밤알들
누구든먹지않을 어두운밤알
검은구두로이겨 기어코빼낸
밤알슬픈밤알들 세상폭삶은

 재떨이

아주 가깝게 지내는 동료 FC께서 카페에 오셨다. 나는 아주 뜨거우면서도 정한 커피 한 잔을 내려 그에게 드렸다. 요즘 소식을 서로 나누고 화기애애한 분위기였다. 잠깐, 내 소식도 전했다. 올해 안으로 책을 한 권 내겠다고 다부지게 말했다. 그는 나에게 이렇게 말했다. 책을 굳이 뭐하려고 내느냐? 그의 말도 맞는 말이다. 책을 읽는 이가 많지 않은 것이 문제고 책 내는 비용 또한 만만치 않은 게 문제겠다. 하지만, 책을 쓰는 것은 나를 정리하는 데 아주 큰 역할을 한다. 다음은 책을 냄으로서 나 스스로 격을 높이며 신임을 얻는 큰 역할을 한다. 현실 점검이자 또 다른 출발선이다. 호! 근데 왜 슬픈 밤알이라고 했을까, 쓰는 것도 즐거운 일인데 말이다. 제러미 벤담이 지나간다. 즐거움과 고통의 두 정부 아래 우리는 모두 처한 사실을,

예전에 구두는 장미라는 말을 사용한 적 있다. 정말 구두는 장미가 될 수 있도록 노력해야겠다.

62

애초에빈몸으로 모두났으나
누구는천금만금 방석에앉고
또누구는쪽박도 없이났으니
시작은분명달라 호끝은같아

살면서뜻을세워 담은하루가
온전한삶의기쁨 근심만가라
욕조에몸담그고 때씻는마음
잠자리드나들때 빛처럼맑아

 재떨이

어떤 사람이든 근심 걱정이 없겠니? 부자든 가난하든, 고민은 다 있다. 그 고민의 대부분은 돈이다. 돈이 많으면 모든 것이 해결해 줄 것 같은 느낌도 든다. 과연 그럴까! 어느 정도는 해결해 줄 것이다. 다음은 또 새로운 문제가 일어난다. 근본적인 것이 해결이 되지 않을 때 다음 숙제 또한 큰 고민거리다. 문제가 있으면 풀어나가는 일련의 과정을 거친다. 그 속에 새로운 경험을 소중히 하는 마음가짐이 중요하겠다. 한 번으로 거치고 버리는 것이 아니라 특별한 자산으로 바꿀 수 있는 능력 같은 거 말이다. 손만 잘 씻어도 바이러스는 어느 정도 해결한다고 한다. 오늘도 씻고 닦자.

63

거북이등껍질을 어루만졌다
빠끔히쳐다본다 껌뻑거린다
줄행랑을치다가 다시멈췄다
곰곰생각하다가 뒤돌아본다

재떨이

하루를 보내고 자리에 앉아 자판을 본다. 마치 거북이 등껍질처럼 보일 때가 있다. 인간은 유희적 동물이라는 것도 이때 잠시 또 느낀다. 거북이는 얼마나 느린가! 느림의 속도가 가끔 빠름의 속도를 이긴 경우도 있다. 우리의 삶은 느린 것 같아도 엄청 빠른 속도로 가고 있다. 다만, 우리가 그것을 모를 뿐이다. 오늘도 거북이 등껍질을 어루만지다가 빠끔히 쳐다보는 하루가 있다. 커서가 껌뻑거린다. 잠시 머뭇거리다가도 줄행랑을 친다. 곰곰 생각한다. 뒤돌아본다. 하루 참 잘 보냈다고, 수고했다고,

64

감자밭을걸었다 감자꽃보며
무두질하는괭이 끄떡거린다
석양에낀붉은빛 각선노을에
쉬었다간비등점 마른숲길에

 재떨이

한 사람의 인생은 하나의 밭과 같다. 그 밭에서 일군 농작물을 보며 나도 무언가를 재배할 수 있겠다는 생각을 다부지게 한다. 무두질한다. 끄덕거리며 하루를 보내고 어느덧 저녁이다. 노을이 참 아름답게 피었다. 저 둥근 해가 떨어지지 않으려고 바동거리는 것을 볼 때 숲은 벌써 젖어든다.

잠시 쉬었다가 간 비등점이다.

감자 꽃이 저리 피었다.

65

아침일찍길나서 추석맞았소
정성다해마련한 차례지냈소
남은한해잘되게 다시빌었소
보름달만치하면 욕심이겠소

말마소끝없는길 여기서잘라
단돌이하고싶소 예따말마소
옥죄어한걸음더 걸어봐야지
밑바닥툭툭털고 나아가야지

 재떨이

보름달보다 더 가득한 것은 없었다. 그래서 우리 인간은 저 둥근달을 보며 모든 것을 빌었다. 딱 그만치만 했으면 하고 말이다. 어찌 보면 욕심이다. 달도 차면 기울고, 기울면 다시 차는 법이다. 그 겪는 과정을 잘 대해야겠다. 그나저나 제례문화는 어떻게 갈까? 아버지가 우려했던 일, 나는 지내고 있으니까! 조금 바뀌었다. 이제는 내가 우려하고 있으니, 왜 내가 우려하는 건지. 거저 조상님 대하고 잘만 했다고 해서, 그것도 아니다. 다음 차례에 잘 전달하는 것도 내 몫이지만, 그것이 그렇지 않고 보니 우려한 것이다.

66

仁義禮智信이는 공자의도리
모두이와같다면 是非있으랴
상하나덕을붙여 이제불러라
명암은가고상만 언제나보리

사람이지켜야할 길은있으라
일의도리와분간 몸에배면은
마땅히걸어야할 인간사회에
덕쌓고돈독해서 보기좋아라

 재떨이

장사 잘하는 집이 있다. 똑같은 교육생을 배출했지만, 어느 집은 흥하고 어느 집은 말라 결국 문 닫는 집이 있다. 장사 잘하는 집은 손님 대하는 것부터 달랐다. 미소를 지으며 상냥하게 맞이하는 얼굴에서 왠지 정부터 간다. 그리고 커피 한 잔 속에 마음이 있고 따뜻한 말 한마디가 있다. 언제나 고맙고 잘 머무시다가 가실 때는 또 고맙고 또 오시라고 건강하시라고 말씀을 전한다. 커피 장사가 무슨 큰 수익이 될까만, 누구에게 봉사한다는 마음 하나만큼은 있어야겠다.

67

공기듬뿍담듯이 그릇은열고
김치찌개를먹듯 수저를잡고
교향곡처럼깊게 들여다보고
피아노두드리듯 목련을보라

한겨울솔잎처럼 땅거미켜서
적막한숲을보라 반딧불처럼
바늘꿴떡밥처럼 흩은시어들
담은짚신에한길 단디엮어서

 재떨이

그릇을 잘 닦는 사람이 있다. 퐁퐁 넣고 물에 폭 담그고 이물질이 어느 정도 불었을 때 매끈하게 닦는다. 글을 쓰겠다고 자리에 앉는다. 그러나 한 줄도 못쓴다. 쓰는 것이 먼저가 아니다. 먼저 읽어야 한다. 그러면 하얀 종이가 목련처럼 보이고 험난한 하루가 솔잎처럼 분명하다. 그 하루를 정리하면 무슨 떡밥처럼 뭉쳐 있다. 비록 짚신 같이 걸어온 하루지만, 나에게는 소중한 자산이다. 그것이 비록 사장될지언정, 나의 삶이 있으면 나를 이끄는 명줄로 안전하게 이끌 수 있으니까 그러니 단디 엮어야겠다.

68

만추에내리는비 맞으며가네
검정아스팔트길 꿈틀거리네
기어도멀지않은 이승한자락
씽씽달리는차로 느긋이가네

이비끝나면맞은 물함뿍젖네
산멀고강도멀어 가는길바닥
따가운뙤약볕도 쬐다가마네
말라서비튼차로 더는못가네

 재떨이

토룡土龍이다. 땅에 사는 용이라 해서 지렁이다. 한날 가을비 추적추적 내리는 데 도로바닥에 기어가는 지렁이 본다. 꿈틀거린다. 기어도 멀지 않은 이승 한 자락에서 말이다. 우주의 시간은 얼마나 긴 것이고 또 얼마나 짧은 것이냐! 우리가 가는 길은 어디고 우리가 잠시 멈춘 곳은 또 어디일까! 지렁이도 제 본성에 최선을 다한다. 그것이 생의 근본이기에 말이다. 우리는 또 어디로 가는가? 맬-깁슨 영화가 생각난다. 아포칼립토, 우리는 어디로 가야 해? 하며 묻는 아내, 집으로 가야지. 여기서 집은 산 속이었다. 편히 쉴 수 있는 공간, 집 우宇 집 주宙.

빛처럼 휙.

69

흰머리카락한올 돌아온마귀
아버지머리카락 뽑다만한올
단호한아버지가 경작한한올
더디어다닳은귀 두레한바퀴

쌓은흰머리카락 꿔다만밧줄
붓처럼잡은한올 죽은아버지
봄여름가을겨울 안썩는장지
기어코뿌리내린 넝쿨같은칡

 재떨이

살기가 팍팍하다. 여유가 없다는 말이다. 무사태평하게 앉아 있을 순 없다. 방법을 찾아야 한다. 예전에 책을 보며 생각을 했다. 이제는 책이 눈에 잘 들어오지 않는다. 한 권의 책을 읽는데 꽤 많은 시간이 필요한 것도 사실이지만, 그래도 신간이 나오면 유심히 본다. 책 보기가 시간적 여유가 그렇다면 신문은 꼭 본다. 신문은 경제와 역사, 문학과 사설이 어우러진 실타래다. 우리 생활과 밀접하다. 근데, 아주 묘하다. 갖은 비유로 잘 섞어 놓은 두레다. 오늘도 흘러가는 물 한 동이 퍼 올려본다.

살기 위해서, 또 경작을 위해서

70

여린것이힘겹다 숨몰아쉰다
제어미는곁에서 지켜만본다
오가는이승저승 다리만길다
햇볕저리밝은데 어둠만깊다

밤새비가내렸다 비따라갔다
이리뒹굴고저리 뒹구는어미
다른새끼하나가 힘없이눕다
숨헐떡거리다가 멈췄다쉰다

 재떨이

우리 카페, 조감도는 고양이가 참 많다. 처음에는 길고양이 한 마리가 늘 있었다. 그 고양이에게 먹이를 주고 보살폈다. 몇 년이 지난 후, 그녀는 새끼를 낳고 그 새끼가 또 낳고 지금은 3대 4대까지 온 것 같다. 개체 수는 그리 많이 늘지 않는다. 한 마리가 지금은 일곱 마리는 늘 보고 있으니까! 모양도 갖가지다. 어느 날 어미 한 마리가 어디서 새끼를 낳았다. 며칠 후 비 많이 오고, 그 다음날 새끼 모두를 물어왔다. 이 중 한 마리가 숨 헐떡거리는 것을 보았다. 상황이 심각했지만, 어미는 어쩔 줄 모르다가 인근 병원에 데려다 치료도 했지만, 결국 죽었다. 어미는 새끼 죽은 자리에서 밤새 떠나지 않았다.

71

우뚝솟은가슴봉 산처럼높다
아래미끄러지는 금호강흘러
천혜의음지이곳 기운쇠하다
펼친들판의금빛 풍년꿈같다

가을은깁다말고 대봉만붉다
산자락곱게빛은 알뜰한텃밭
파무고추배추가 저리푸르다
곧상강에단풍만 간당거리다

재떨이

내 머무는 곳은 경상도 지방 경산이다. 경산도는 어느 지방이든 천혜의 음지다. 호! 그냥 내 느낌이다. 뭐 풍토지리와 토정비결은 모른다. 그러나 이곳은 유일하게 여왕이 있었던 곳이다. 신라시대로 올려다보면 우리나라 역사에서 27대 선덕 여왕이 있었고 28대 진덕 여왕, 51대 진성 여왕이 있었던 자리다. 일을 도모하는 것도 중요하지만, 관리는 더 중요하다. 인생도 봄, 여름, 가을, 겨울이 있다. 상강에 배겨 나는 게 있을까만, 어려운 시기 잘 이겨야겠다.

72

까투리한마리가 감나무앉아
아주붉고질퍽한 대봉을쫀다
감은익었나싶어 걸어가다가
한옴큼찍다말고 퍼드덕난다

산새도이리알고 와서쪼는데
문향이차고넘쳐 절로흐르데
어찌한생이짧고 쓸쓸함일까
이가을애써흠뻑 앉아울어라

재떨이

우리 카페 조감도 뒤쪽 마당 한 곁에 대봉 나무 두 그루가 있다. 가을이면 굵고 튼실한 대봉을 주렁주렁 연다. 가끔 가서 본다. 여름 내내 보지 않다가 가을이면 가서 슬쩍 보는 것인데 재밌다. 몽싯몽싯 익은 감 하나씩 따서 먹을 때면 더욱 그렇다. 뭐 먹을 게 있어 그렇게 가보는 것이다. 산새도 가끔 와서 대봉 언저리에 뾰족한 부리로 찍어 먹는 것을 본다. 글도 마찬가지다. 공자의 말씀은 몇 천 년이 흘렀건만, 읽어도 지겹지 않고 마음을 가다듬게 한다. 에휴, 글 잘 쓰지도 못하면서도 가을은 이리 왔나 보다.

73

날좋은이가을에 어찌누웠노
세상모르고놀다 이리누웠지
산다는건잘먹고 잘내놓는길
분에겨워펴면은 일찍간다지

한번왔다가가는 극락왕토에
가도가도피는길 이생고생길
지옥이따로있다 어디합디까
마음편히쉬는곳 천국이지요

재떨이

하루는 출근하고 가게 둘레를 보다가 고양이 한 마리 죽어 있는 것을 보았다. 이름이 라떼였다. 흰 고양이었다. 엊그제에 메타세쿼이아 나무 밑에서 사마귀 한 마리 잡고 노는 것을 보았는데 기어코 그 고양이었다. 사마귀는 갈기갈기 찢겼고 너덜너덜하게 흩어져 있었다.

어머니는 늘 말씀하신다. 말 한마디라도 곱게 하고 연을 맺었으면 자주 찾아 가 뵙고 인사하는 것이 그 첫째라 얘기하신다. 지옥이 정말 지옥처럼 가지 말아야 한다. 마음 편히 쉴 수 있는 곳 내 마음부터 가다듬고 자주 찾아가보며 인사하는 것이 중요하다. 지옥이 정말 지옥일까 싶다.

74

자식둘에맏이가 꽤걱정이다
공부는하지않고 커피만본다
굳이힘든길손수 길따라하니
닮고닮아도상은 이길없었다

어느곳이든도가 어찌있으리
제갈곳뜻을두어 바르게하면
한생이루는것도 부족지않다
더불어사는이웃 만들며가면

 재떨이

아들이 둘 있다. 하나는 졸업하고 가게에 있다. 늘 라떼 연습만 한다. 하나는 고 3이다. 둘 모두 공부를 하지 않겠다고 한다. 걱정이다. 우리 때만 해도 대학은 나와야 뭔가 할 수 있을 것이라고 믿었다. 요즘 아이들은 공부가 대세가 아니다. 그래도 배워야 길이 보인다는 사실을 어떻게 얘기해도 듣지 않는다. 어느 카페 창업자가 보내 준 동영상이 자꾸 생각날 때가 있다. 100세쯤 돼 보이는 노인 말이다. 아무 말 없이 콩만 볶는, 그 노인

커피는 이래서 자꾸 마시는가 보다.

75

세월은십년이나 흘러갔어도
카페는그대로고 주인만달라
한번씩잊으려다 다시부르는
옛카페들러보면 그대로이다

카페는그대로나 사람만늙어
이땅에선인들도 한때있었지
장례에후손들도 여기있겠지
온전히쥐었다가 풀고간다지

 재떨이

악력握力은 갓난아기가 가장 세다. 나이 들수록 그 힘은 자꾸 준다. 그래서 나 많은 어른은 진지를 잡수셔도 자꾸 흘린다. 삶에 대한 애착이 없었어가 아니라 이제는 잡고 싶은 그 무엇이 없기에 그렇다. 그래서 커피는 나이가 자꾸 들수록 맛은 더 익는다. 나는 베토벤도 아닌데 매일 커피만 센다. 한 알씩 만져보면 동그스름한 게 부드럽고 데구루루 굴러들어가는 분쇄기에 퉁겨 오르는 소리가 그렇게 맑아 보일 때가 없다. 뜨거운 물에 한 잔 우려낼 때는 또 어떤가, 뽀글뽀글 오르는 거품 같은 상념에 젖다가도 신맛과 단맛에 우러나는 감칠맛에 하루가 폭 젖는다. 그래 이 맛 하나면 됐지!

76

세상문어발같다 아주쪽빤다
뭐가좀있으려만 빈껍질같다
훌훌홀라당탁탁 먹물만깊다
혼탁한바다같이 실어만죽다

재떨이

세금 부담은 해가 거듭할수록 더하다. 그래도 가만히 생각하면 그만큼 또 내야겠다고 생각한다. 올해 일흔다섯 해를 맞은 부모님 때문이다. 지난해 아버지는 뇌농양에 동맥류動脈瘤라는 질병으로 중대한 수술을 두 번 감행했다. 수술비 꽤 나왔다. 물론 익히 준비한 보험도 있었지만, 의료보험 제도는 국민 건강의 크나큰 안전장치였다. 그 후, 아버지는 요양원에서 기거하신다. 한 달 요양비가 만만치 않다. 국가 보조라는 혜택을 받고도 월 60만 원 가까이 나간다. 어머님도 마찬가지였다. 올해 협심증으로 스텐트 시술을 했다. 그래도 이것저것 따져보아도 중년의 나이에 세금 부담은 적지가 않다. 사업체와 종업원을 갖고도 별도로 일을 해야 유지가 되니까. 그냥 그렇게 하루 열심히 살며 장래를 준비하는 마음뿐이다.

77

가을비내린후에 날씨만선타
한여름무르익던 오곡백과는
저리붉고누렇다 하여인간은
어찌하여한해씩 때만더겹다

만추에가을하늘 이리높은데
벼랑끝에불혹은 더없이검고
바라보는지천명 안개만짙어
가벼운낙엽같이 허울만깊다

 재떨이

자연은 거짓을 표현하지 않는다. 봄이면 꽃이 피고 가을이면 열매를 맺는다. 인간도 건전한 정신으로 자연과 더불어 한다면 천수를 다할 것이다. 굳이 애써 신경 쓰고 신체를 정히 다루지 못한다면 건강한 삶은 있을 수 없겠다. 재물도 권력도 더 나가 명예는 인간이 성취하고자 하는 원초적 힘이다.

황제내경에 이런 말이 있다. "자연의 규칙에 조화를 이루어 먹고 마심에 절제가 있으며, 행동거지에 일정한 규칙이 있고 헛되이 수고로움을 짓지 않아야 신체와 정신이 온전히 갖추어져 천수를 누릴 수 있다.(符合自然的規律 飮食夠節制 起居有常規 不過份操勞 所以能夠使身體與精神都健全 而能享受自然賻予的年壽)"

78

해바라기씨앗은 어찌먹느냐
이살짝눌러깨어 손벌려먹지
하나까서알맹이 하나먹으면
궁색한짝이없는 원숭이같다

종일돌아다니다 자리앉으면
바라본해바라기 히죽거리는
이빨하나가저리 넓고깊으다
오늘도이닦으며 무덤만판다

재떨이

해바라기만 해 좇다가 하루 보내는 건 아닌 것 같다. 사람도 낮은 꽤 활동하며 보내지만, 밤까지 애써 일하며 보내는 날도 적지 않다. 하루가 길어도 안식할 수 있는 것은 가볍지 않은 짧은 글귀 한 줄, 마치 해바라기처럼 나를 쳐다보고 있다. 히죽거린다. 나를 꽉 물고 놓아주지 않는다. 아! 하며 탄식할 때 결국 내 무덤 하나가 고스란히 남는다.

79

가는길어딜봐도 온통누렇다
싸거라바람불어 그냥좋아라
황금빛어데가고 무밑동같다
바위에이끼처럼 쌓은하루라

그하루못버려서 흑심만다져
도마도흰칼날도 무엇에쓰나
빈좌석하루채워 엮은마당에
이파리쓸며쓸며 닦으면됐지

 재떨이

책을 쓰면 인세가 꽤 들어오는 거로 착각하는 사람이 있다. 사실, 우리나라에 인세 수입으로 먹고사는 작가는 불과 몇 명 되지 않는다. 작가라는 직업은 취미에 가까울수록 생활에 더 안전하다. 그러므로 따로 직업 하나를 더 갖거나 혹은 여러 가지 일을 병행하며 쓰는 것이 글과 표현도 다채롭다. 어떠한 글이든 그 표현은 문학이며 예술이지만 이에 앞서 뭔가를 바라는 욕망에서 발현하는 것도 사실이기에 삶이 바르고 탄탄해야겠다. 가을은 떨어진 이파리로 온통 누렇고 꿋꿋하게 굳은 마음은 바위와 같다. 그러나 하루씩 그냥 보내지 않은 것은 마음을 움직이게 하는 시 한 수가 아니었을까! 경기 어려워도 약간의 풍류는 있었으면 좋겠다.

80

이슬먹은대봉에 통통예쁘오
예쁘구나붉은빛 그한철짧아
익고무릅터속에 품은씨하나
질퍽한입질에도 펼쳐웃는너

자고로여린목숨 간당거림도
한철엮은관계로 매달려보소
모가지비틀다가 똑딴노을에
물컹한한입한입 씨만내주소

 재떨이

문학을 취미로 뒀다. 글은 쓰고 싶었고 기어코 책도 내봤다. 하지만, 시인 계에 인정받지 못한 글꾼이 되었고, 그렇다고 인정받고 싶은 마음은 추호도 없다. 그렇고 보니 마구 써낸 글도 많아서 부끄럽기 짝이 없지만, 나중할 일이 있어 좋기는 하다. 죄다 수정하고 또 다듬어야 할 업보처럼 말이다. 형태미를 갖춰 써보는 이러한 글귀는 요즘 시인께는 누다. 유치하고 읽을거리조차 못된다. 그러나 바쁜 일상을 누비며 사는 나로서는 짧은 시간 효율적인 공부였다. 지금도 커피와 보험 일 더불어 하면서도 이리 글 쓰며 지내지 않은가!

81

봄에가꾼씨앗은 만추별감에
난감한시름놓는 대감입니다
대감에그씨앗은 뱉어노시고
논길도두툼하게 예피웁시다

어찌압니까놀다 펼친하루가
대대손손잎지고 열은감꽃에
굵직한대봉하나 맺어간다면
이대로논것도꾹 덮어좋소다

 재떨이

이런 생각이 든다. 영업은 하나같이 연결할 수 없는 것 같아도 모두 연결할 수 있다. 커피 파는 일로 시작했지만, 디자인을 했다. 제일 먼저 만든 것이 로고였으니까! 그리고 책의 저자가 돼 보기도 하고 커피를 적극적으로 알리는 강사가 돼 보기도 했다. 건물을 짓는 시공업자, 내부공사 책임자, 시인, 거기다가 장례에 위험을 보장하는 보험 설계사로 꽤 유명세를 받았다. 그 어느 하나도 비평 같은 것은 없었다. 그냥 열심히 살았으니까! 누가 이러한 글을 보고 마음이라도 조금 위안이 되었다면 그것으로 작가의 도리는 다 한 것 같다. 결코 사심 없이 행하는 일이 나중 큰일을 이루어 내기도 하니까!

82

커피인생이십년 순간이었다
봄스무번가을도 여태스무번
믿고걸었던외길 어찌더솔다
다만무거운것은 이도다완뿐

비우고닦는일이 이런천직도
없었으면흰물결 어찌볼까만
잔도여러번담고 올곧게비워
그간뿌린죄많아 갈수록옅다

 재떨이

커피 참 오래 했다. 리더로 제 역할을 했다. 자화자찬自畵自讚이지만 말이다. 매주 토요일 본점에서는 무료 강좌를 개최한다. 이십 년 했다. 그 어떤 한 주일도 한 사람도 오지 않은 적은 없었다. 한 달 네 번 한다. 에스프레소, 라떼, 로스팅, 드립 순이다. 이렇게 하면 어느 정도 커피는 피상적이나마 이해는 할 수 있다. 이 교육을 받고 창업하는 이도 꽤 있다. 교육비가 들어가지는 않지만, 많은 정보를 애용한다. 다만, 이것도 희고 검은 이도다완으로 우려낼 때는 또 다르다. 자꾸 부끄럽다. 좀 더 열심히 살아야 했고 좀 더 열심히 써야 마땅했다. 아직도 갈 길이 멀다. 먼저 올곧게 읽어야겠다.

83

십년이하루처럼 느껴지는데
벌써아이는커서 성인같구나
아이위해쌓은길 산하나이뤄
구멍난바퀴위에 쪼매줄인짐

짐이야지던덜던 논둑의멍에
창밖은서서마른 노새발굽길
어였거나산하나 일군문빗장
살아깃든세상에 예서조으다

 재떨이

100세에서 딱 반 살았다. 젊을 때는 하루가 길고 한 해도 길었다. 나이를 먹어감에 하루는 금방이고 십 년도 금세 가버린다. 둘째 아이 "찬"이가 성인처럼 키가 크고 제 뜻을 펼칠 나이가 되었다는 것을 볼 때 아버지로서 역할은 다한 것 같은 느낌도 든다. 보험도 마찬가지다. 조금씩 넣는 부금이 넣을 때는 정말 이것만큼 큰 부담은 없을 것이다. 참고 견디고 또 깨고 싶은 마음을 제발 억누르며 가다가 만기가 되었을 때는 그만큼 든든한 것도 없고 해약은커녕 중도 인출해 쓰라고 해도 마다한다. 인간의 마음은 이해할 수 없다. 그래도 영 없는 것보다는 조금이라도 준비하는 과정이 가까운 가족에게도 덜 피해가 가는 것도 알지만, 역시 보험은 어려운 과정이다. 참고 꿋꿋하게 견디며 가자.

84

산처럼높았다가 물처럼지네
등산처럼한발씩 오르다가도
헛디딘발추락한 호접몽처럼
그러나봄이있고 가을이있듯

투자하지않으면 버는건없네
구름이모여들면 비도있듯이
비도자꾸맞아야 우산챙기듯
가는길안달복달 내치며가세

 재떨이

인생 오십이면 갖은 일 다 해본다. 별 것 아닌 것에 투자해서 몽땅 날려 버리기도 한다. 더 늦지 않은 나이에 그나마 이러한 경험은 천만다행이다. 일어설 수도 없는 나이에 그간 모은 재산을 다 날려 버리기라도 하면 그건 대책 없는 일이 되고 만다.

보험 일하다가 변액투자의 적합성 진단이라는 설문조사가 있다. 원금 손실에 몇 %까지 감내할 수 있는가? 하는 질문이 있다. 원금에서 30% 내외, 원금에서 40% 내외 등, 사실, 보험회사는 전문 투자기관이다. 원금이 크게 손상 가는 일은 없다.

우리나라 거시경제의 안정성을 보자면 말이다. 세계에서도 알아주는 금융정책 안정국가다. 이자는 더욱 떨어지고 이제는 마이너스 금리까지 가려는 움직임도 적지 않은 시기, 보험은 그야말로 국가가 보증하는 안전한 투자처라 말할 수 있겠다.

십 년이 길다고 말하는 사람이 있다. 십 년간 딴 짓거리 하다가 다 말은 먹은 사람이 도로 더 많다. 그 외, 투자는 좀 깊게 생각하자.

85

사방천지카페만 믿고많아라
스타벅스도많고 잔잔한카페
또한많아어디든 카페만있고
커피만마셔세상 커피뿐이다

커피무엇이좋아 이리붐비나
고가의임대라도 선뜻해보고
망해도후회없어 스스로갇힌
커피옥나가는길 카페뿐이다

 재떨이

어느 날 커피 문화강좌 할 때였다. 한 선생이 나에게 질문했다. "선생님 카페 이제 포화라고 생각하지 않습니까" 맞다. 포화다. 하지만, 커피가 이 땅에 들어오고 포화가 아닌 적이 있었던가! 고종황제께서 처음으로 커피를 드시고 아, 그때가 1896년 아관파천 때였지. 줄곧 유행이 아닌 적이 없었다. 10년대 끽다점 문화, 2·30년대 다방천국, 40년대 또한 전등 빛 뛰어드는 불나방으로 표현하기까지 했다. 해방과 한국전쟁 후, 인스턴트커피와 다방은 줄곧 이었으며 자동판매기까지 한목 거들었다. 자세히 보면 커피만 그런 것도 아니다. 어느 집이든 자영업자로 내가 뛰어들고 싶다면 굳이 남이 안 일러도 그 집 밖에 보이지 않는다. 카페를 개업하는 것도 중요하지만, 그 일을 어떻게 할 것인가? 어떤 목적으로 커피 일을 하며 어떻게 고객께 다가설 것인가? 먼저 고민해 보자.

보험 일도 마찬가지다. 영업의 꽃은 보험이다. 보이지 않는 상품을 고객께 설명하고 얘기하는 것은 단단한 믿음이 없으면 가히 불가능하다. 주위 활동하는 FC(금융 컨설턴트)가 어디 한둘인가! 또 매월 새롭게 등장하는 FC는 도대체 몇 명인가? 남과 다른 그 무엇이 있어야 한다. 고객은 절대 믿음이 없으면 계약하지 않는다. 아마 젊은 나이에 이 일을 했다면 일찍 포기했을지도 모른다. 보험의 혜택을 누려보지도 못했거니와 장례에 대한 구체적인 금융계획 같은 것은 세워 볼 수 없었으니까! 이미 고령이신 부모님을 대하고 내가 늙고 있고 더욱 중요한 것은 가족이 있어도 앞으로 살아갈 문화를 생각하면 내 몸은 미리 챙겨야 한다. 늙는다는 것은 진리다. 그 누구도 피해 갈 수 없는 사실이다.

86

깜깜한논밭질러 커피배송길
저먼데닿는불빛 고대에닿는
민중의뿌리같다 현재와고대
절대분간이없는 이는미래다

지구라는우주선 시간을타며
멈춘목적지서기 이천십칠년
여기달리는차로 커피배송길
이불빛가로질러 카페에간다

 재떨이

고대는 성읍국가였다. 원시 국가에서 고대 국가로 발전하는 과도기적 단계에 존재하던 국가다. 지금은 어떤가! 서울과 지방으로 분간되었다. 고대 국가보다 더하다. 지방도 자세히 보면 인구는 도시에 몰려 있고 촌은 더욱 메말랐다. 사람이 귀하다. 부모님 일로 자주 촌에 가본다. 동네 모 형님께서 동장을 맡고 그 많은 토지를 경작한다. 젊은 사람은 대부분 도회지에 나가 일하고 촌에 땅은 모두 동장께 맡겼다. 사실, 논농사나 밭농사보다 조금 못 벌어도 성읍국가라면 우습다만, 그곳에 나가 허드레 일이 좀 더 낫다. 나는 언제나 커피 배송을 한다. 대구든 경산이든 심지어 구미까지 나갈 때도 있다. 저 먼 곳 포항이나 제주도, 전라도는 택배에 맡긴다. 모두 하나같이 인적 네트워크 바탕 위에 선 거래처다. 얼굴 모르고 커피 나간 일은 한 군데도 없다. 보험도 마찬가지다. 대면하지 않고 계약하는 건 위험천만한 일이다. 보험 일

하면서 그 중요성을 매일 매번 새롭게 느끼는데 이것만큼 위험한 일이 있을까 싶다. 사람의 목숨이 어떤 때는 나의 펜 하나에 좌지우지한다면 과언일까! 조금 더 밀접하고 조금 더 혜택이 가게끔 다시 한 번 더 봤더라면 하는 생각도 있을 것이다. 그러나 고객은 보험은 덤이다. 있으나마나 하면서도 계약하는 분이 있고 정말 꼼꼼하게 따져보고 장래를 챙기는 분도 있다. 그럴 때마다 이 일이 매번 가볍지 않음을 느낀다.

87

칼에방패였다가 시간또간다
어차피가는시간 까마귀탄다
타는까마귀날아 저멀리본다
까악까악거리며 산넘어간다

산하나없어놓고 산포개다가
산처럼쌓아놓은 이생모래밭
바람에흩날려도 붙지는않아
성하나짓지못해 흩트리다가

얄궂은이내삶도 까마귀같다
까마귀열두소리 소용도없다
까마귀학이되랴 떡알이되랴
까마귀검다말고 눈알만깐다

 재떨이

까마귀의 특성을 보자. 새카맣다. 글도 새카맣다. 까마귀는 조류鳥類다. 글도 조류潮流다.

소싯적에 살았던 동네는 숭오동崇烏洞이었다. 까마귀 숭배한다는 뜻이다. 동네에서 북쪽을 향해 보면 금오산이 그렇게 높았다. 지금 가보아도 아주 높다. 그만큼 동네가 골 깊다는 말이다. 아주 촌 동네나 다름없었다. 나는 초등학교 4학년 때까지 깜장 고무신을 신었다. 째지게 못살았다. 그때는 동네에 초가집도 몇 군데나 있었다. 그러나 도랑은 참 맑고 돌미나리는 언제나 캘 수 있었다. 어머님께서 양푼이에다가 까무잡잡한 꽁보리밥을 담아서 돌미나리와 된장만 퍼 넣어도 온 가족이 숟가락 들고 비벼도 그것이 왜 그렇게 즐겁고 맛이 있었을까! 정말이지 우리나라는 까마귀가 참 많고 까치가 흔하다.

내가 운영하는 카페, 조감도는 그냥 나오지 않았다. 물론 문학을 좋아해서 이상의 오감도를 읽고 착안한 것도 사실이지만, 실지 새가 많은 동네임은 분명해서 마 조감도라 했다. 소싯적에나 지금 보험회사 출근길이나 어디든 나가는 아침은 상쾌하다. 여지없이 보고 듣는 건, 새와 새소리다. 어쩌다가 내 차 유리창에 큼지막한 새똥이라도 있으면 그날은 기분이 참 좋다. 며칠 전이었다. 어머님 뵈러 동네에 다녀왔다. 어머님이 적적하실까 봐 미리 찾아뵈었다. 어머님이 한 마디 하신다. “하이고 야야 잘 왔다. 농협에서 무슨 산푼꺼인가 보냈나본데 이거 얼른 씨야 한다. 자 보거라 미칠이고” 한 달이나 남았다. 어머님은 돈 아깝다 하시고 몇 개의 물건만 사셨는데 상품권보다 더 나왔다. 어머님 몰래 얼른 계산하고 나왔다. 그리고 차를 동네 나무 밑에다가 두었는데 그날은 새똥으로 뒤범벅되었다. 그리고 며칠 후, 정말 거짓말 같이 큰 계약을 했다. 생애 플러스 종신보험이었다. 한 달 보험료가 무려 219만 원이었다. 계약자는 경산에서 꽤 많은 식당을 경영하시는 안 씨다. 나를 믿고 계약한 것도 고마웠고 장래를 위해 열심히 살겠다는 어떤 의사표시라서 더욱 고마웠다. 한때 커피로 만나 분이었다. 젊은 분이지만, 존경은 나이와 상관없다. 그의 밑에 일하는 직원만 해도 몇 명인지 모른다. 정말 대단하고 경의를 표한다.

88

한국가가망하고 쫓기는신세
사방천지로뻗는 난민길처럼
눈은충혈되었다 상호경쟁에
나는안망하려고 밑줄그었다

아주단단한벽돌 같은성안에
살아눈뜬창끝을 헤아려보다
어느흰구름속에 나는새하나
금비헤쳐깃치다 불꽃휘날다

재떨이

정말이지 망하고 싶지 않았다. 처자식은 처자식대로 함께 살아도 어디다 맡겨두었는지 모를 정도로 살았다. 냉정한 아비였다. 밤새 글만 팠다. 새벽은 충혈로 시작했고 그건 마치 한 국가가 망해서 쫓기는 신세처럼 사방천지 뻗는 난민을 한 번 생각하라는 어떤 표상 같았다. 살아남으려면 책을 봐야 한다. 책만 보아서도 안 된다. 책을 이용하고 책을 쓰고 내 하는 일을 표현할 수 있어야 완벽한 책 읽기가 된다. 그래도 세상은 살기 어렵다. 만만치가 않다.

세상은 내가 부정하고 싶은 일이 있어도 절대 그렇지 않은 사실적인 일이 더 많다. 스펀지는 메말라 있을 때보다 폭 젖고 나서야 그 어떤 이물도 잘 닦을 수 있다.

89

날개펼치면나비 접으면고목
낙엽밟는소리는 애써핀소금
이는한입의찔레 앉은나비가
고대도중세에도 있었던나비

그어느때에도갈 길찾는나비
풀잎에앉은이슬 태양빛아래
더는바라는것도 내줄것없이
정히펼쳐야보는 살아숨쉬는

재떨이

가만히 있으면 정히 잡을 수 있을 것 같고 또 퍼뜩 생각하면 사라지는 게 있다. 나비다. 장자의 호접몽처럼 나비가 되어 훨훨 날고 있었다. 내가 인간인지도 모르고 말이다. 고대도 중세에도 있었던 나비를 나는 매일 보고 있었다. 그것이 마치 나비로 인도한 건 아니었을까! 한 입의 찔레와 같은 너의 입술은 그렇게 매일 닿았다. 풀잎에 앉은 이슬처럼 순간 잊고 말지라도 말이다. 그러므로 나는 매일 나비를 본다. 나비가 나비를 쫓으며 순간 비행경로를 안 잊으려고 매번 날개에다가 검정 칠을 해놓고 말이다.

장자는 한 번 날갯짓에 구만리를 간다는 붕鵬 이야기가 나온다. 붕처럼 넓은 철학은 나에게는 없다. 하지만, 붕처럼 매번 날갯짓하다 보면 구만리는 고사하고 만 리쯤은 가고 있지 않을까! 장자가 호통을 친다. "나는 천지를 관棺으로 삼고, 해와 달을 벗으로 삼으며 별을 보석으로 삼고, 만물을 부장품으로 삼을 것이다. 모든 장구는 갖추어진 셈이다. 여기에 무엇을 더하겠는가?"

쓸데없이 나비만 길었다. 애써 땀 한 방울이 똑 떨어진다.

90

구름은가을이라 물든한잎씩
한장띄운편지지 가을의추억
내가죽어네가산 단짝친구는
닿을듯또아닌듯 붙은지평선

붉은해걸었다가 문도열면서
사선을넘나들듯 밑줄을긋고
의미없는떡밥에 낚은물고기
거를수없는것은 찢은아가미

재떨이

내 머무는 단칸방은 매우 어지럽다. 책으로 뒤범벅인데다가 컴퓨터 한 대만 멍하니 나를 쳐다보고 있다. 그렇게 매일 생각한다. 아무리 바빠도 한두 시간은 말이다. 나에게 다그친다. 조급하지 말며 두려움은 일찍 깨치며 욕심은 절대 금물이며 말은 적게 하자고 말이다. 조급해서 일을 그르치는 경우가 잦다. 천천히 내 머문 자리를 다시 한 번 더 보아야겠다. 휴대전화기 놓고 왔을지도 모르니까! 두려움은 과단성을 빼앗아버린다. 그렇다고 무모한 도전은 금전을 일찍 잃어버릴 수 있다. 하지만, 두려움이 많은 사람은 우뚝한 견해가 없다. 그러므로 어떤 큰 결과를 이뤄내기가 어렵다. 말을 적게 하자. 말 많으면 허황하고 천박하다. 또한 실수도 잦아 믿음을 잃게 된다. 한 줄 글귀를 탐하고 한 줄 명상을 적으며 하루를 기대하자. 비록 물의 세계에 찢긴 지느러미와 같이 허덕거릴지라도, 어디든 나아가 보자.

91

긴탁자둘러앉아 한솥밥먹네
한솥밥좁다말고 손에손잡고
힘든일어려운일 거뜬히했네
긴하루한달마감 꿈키워가네

키운꿈솥밥같이 가족이루어
뜻깊고펼친사랑 더불어살아
어느일도함께해 어렵지않아
서로서로도우니 희망을품네

 재떨이

하루가 긴 것 같아도 금시 갔다. 한 달은 더 빨리 갔다. 대표가 그래도 가장 뿌듯하게 여기는 것은 함께 열심히 참고 일한 직원 때문이 아닐까! 회식을 한다. 모락모락 피는 솥 밥처럼 잘 익었다. 그나마 우리 직원은 다른 데 일하는 사람보다 오래 일한다. 인건비 상승에 따른 비용 절감에 대책을 마련하는 카페에 비하면 우리는 예나 지금이나 그대로다. 오시는 고객층이 연세가 많은 것도 사실이지만, 일일이 손님 편의를 위해 일일이 서비스하니까! 고객은 편하다. 그래서 손님은 매번 많이 찾으신다. 또 이 도롯가는 카페가 하나 더 생겼다. 저 위 도로 끝자락에는 아주 큰 카페가 생긴다는 소식도 들어와 있다. 우리는 긴장을 놓지 않고 더 열심히 일해야 할 것이다.

92

어둠이내게올때 강가에앉아
흐르는물을보고 느껴야겠다
물스치며지날때 나그위에서
보는것같아도물 따라흐르지

새벽은오고넓고 긴강따라서
바다닿으면돌고 돌아가는길
구름되고비되고 바람길닿는
몇겁이되어다시 물로흐르나

 재떨이

실수하지 않는 사람은 없다. 실수만 하는 사람도 없다. 일이란 뭐든지 잘 해보려고 하다가 그만 실수한다. 이러한 실수도 시행착오를 겪다가 보면 바로 잡는 경우가 더 많다.

실수를 적게 하는 방법이 있다. 주위 성공자가 많으면 실수는 다소 적다. 성공자가 대부분 책을 쓰기에 책을 가까이하는 것이 무엇보다 중요하다. 어쩌다가 잘못된 길을 가기도 하지만, 후회는 말자. 좋은 경험이었다. 그 어떤 것도 경험하지 않은 것은 없었으니까!

다시 내일을 보는 자세가 더 중요하다. 새벽은 또 오고 시간은 간다. 밤은 참 깊다. 깊은 바다에 폭 빠져 있는 듯 조용하다.

93

고양이무르팍에 앉아자불다
나는그를안으며 내려다본다
한천년아니만년 흐르고나면
고양이처럼앉아 자고있을까

조는짧은시간도 만년쯤간다
아득히흐른시간 내려다본다
잘다듬은발톱에 풀빛뿐이다
오늘도부는바람 스쳐지난다

 재떨이

이미 타계하신 조오현 선생의 "아득한 성자"가 스쳐 지나간다. 뜨는 해도 다 보고 지는 해도 다 보았다고 알 까고 죽는 하루살이를 비유해서 천년을 살아도 성자는 하루살이 떼라고 했다.

바쁜 일상을 보내다가 차 안에서 잠시 꿀잠을 청할 때가 있다. 마냥 십 분을 졸았다. 그렇게 달콤하게 잔 것도 없을 것이다. 퍼뜩 깨치면 오늘이 며칠인지, 집에서 바로 깬 것 같고 또는 하루가 다 간 것처럼 느껴질 때가 있다.

한 천년을 살아도 산 것 같지가 않고 만년을 살아도 산 것 같지 않은 성자는 없을 것이다. 알은 있었으니까 알 까고 죽었으니까 성자다. 뜨는 해도 보고 지는 해도 보았으니까 그 해를 보며 알은 깠으니까.

잠 퍼뜩 깼으니까 오늘도 부는 바람 스쳐 지나간다.

94

ㄱ으로밭을매고 씨를뿌린다
지심을솎아내고 밭을가꾼다
가꾼열매수확한 ㄴ에옮겨서
마음창고넉넉히 장만해두자

배고프면하나씩 꺼내어먹듯
허전하면한권씩 꺼내어읽자
ㅏ깨닫다가마음 반듯하다면
하루가짧지않고 길지도않다

 재떨이

나는 김삿갓처럼 억양개합抑揚開闔하지는 못한다. 어찌 보면 빈정대는 말놀이지만, 그것이 재미가 있을 때도 있다. 약간은 반어적인 데가 있어, 뭔가 생각하게 한다. 시원한 말놀이도 읽지 않으면 나오지가 않는다. 다만, 책을 보고 어느 정도 시간은 보냈으니까! 그러나 마음 수양하듯 시를 짓고 그 시가 시 같지가 않아도 잠시 안정은 취했으니까!

하루가 짧지 않고 길지도 않다. 만족한다.

95

자연은위대하다 나무바위물
거저흐르는데로 받아들인다
오로지인간만이 이를어긴다
옛사람은자연을 자주섬겼다

자연스러운것은 짧지가않다
억지부리는일은 잘될일없다
제명만재촉한다 맑은가을에
순리는낙엽처럼 느껴야겠다

 재떨이

토마스 제퍼슨이 말했다. “나는 행운을 굳게 믿는 사람이며, 내가 더 열심히 일할수록 더 많은 행운이 따르곤 한다.” 가만히 앉아 어떤 큰 기대를 거는 건 사기다. 부지런히 뛰어다녀야 한다. 그것도 억지 부리는 일 없이 전문가의 입장으로 단순하게 다가가야 한다. 자연은 억지 부리는 일이 없다. 자연은 순리 그 자체다.

자연은 위대하지 않은가! 나무는 하늘만 바라보아도 많은 새의 안식처를 이루며 지나는 동물의 그늘도 마련한다. 바위는 또 얼마나 위대한가? 몇 천 년이 흘러도 지나는 바람과 물과 생물에 끄덕하지 않는다. 물은 더욱더 그렇다. 낮다. 낮은 곳만 흐르는 물, 낮게 다가가야 한다. 그리고 낙엽처럼 느끼다가 어딘들 뒹굴면 또 얼마나 좋은가! 바람 부는 대로 말이다. 아 누가 한 줄 읽고 있다.

96

삶을거슬러다시 사시라하면
나이대로좋아더 바라지않네
저승에서뒤보면 가고싶을까
어렵고힘든삶을 밟고싶을까

다시못올이이승 꼭꼭짜깁자
더는후회않도록 열심히살자
저편에서보아도 명암이많은
다시와도더없는 이런명암을

 재떨이

하루는 어머니와 병원에 다녀왔다. 당뇨가 심해서 눈이 어둡다. 병원에 다녀와도 뚜렷한 해결책은 없었지만, 어머니는 이 병원은 어떻고 또 저 병원은 어떻게 한다고 하더라! 그래서 대구에 제일 유명한 안과 전문의를 찾았다. 담당 의사 선생은 역시 똑같은 대답을 했다. 당뇨는 어쩔 수 없는 일이라 한다. 그리고 백내장 수술도 했다. 또 며칠 있다가 이번에는 심한 하혈로 병원에 다녀왔고 협심증에 스텐트도 박았다. 어머니께 물었다. 이리 아프시니 다시 젊은 날로 거슬러 사신다면 좋을까요? 물었다. 아파도 지금이 좋아, 난 절대 과거로 돌아가고 싶지는 않다고 했다. 나 또한 마찬가지다. 지금처럼 오기까지 수많은 노력을 했다. 그 결과가 큰 기대에 미치지는 못하겠지만, 다시 살아도 그 어떤 결과를 도출하지는 못할 것 같다. 더욱이 그 속에 묻어야 하는 고통과 인내는 이미 겪은 것들이라 다시 겪고 싶은 마음은 추호

도 없는 것이다. 그러나 명암만큼은 뚜렷하게 남겼다. 그것이 지워질지라도 명암이 이리 밝다. 다시 온다고 해도 더없는 이런 명암을 새겨보자.

97

바다에가고싶다 파도를보며
다른쪽뭍의얘기 들어나보자
아득한세상끝에 나무가있고
물이있고숨쉬는 바람도있다

바다에가고싶다 파도를보며
변변치않은이쪽 얘기도하자
세상멋모르고잔 고양이있고
다핥아먹은캔과 쪽박도있다

재떨이

대략 100년 전이다. 음악 심리학자 칼 에밀 시소어는 학생들에게 "제대로 된 휴식은 공부만큼이나 중요하다."라고 충고했다. 그는 휴식과 강도 높은 연습은 상호보완적이라고 했다. 능력을 최대한 발휘해 잠깐이라도 연습하는 것이 하는 둥 마는 둥 온종일 연습하는 것보다 훨씬 더 효과적이라고 했다. 짧은 시간에 집중해서 연습하면 학습시간을 줄일 뿐 아니라 상황별로 잘 대처하는 법을 알게 돼 고유의 능력을 개발할 수 있다.

좋은 휴식은 무엇인가? 다른 쪽 삶의 얘기를 듣는 것이 나는 가장 좋았다. 수다를 뜨는 것도 좋지만, 한 사람의 인생 경험을 듣고 있으면 생각과 느낌을 많이 받는다. 그리고 운동이다. 여기 임당은 고대로 오르면 압독국이었다. 경주는 사로국이었다. 경주는 옛 무덤이 산처럼 높은 것이 꽤 많다. 여기도 마찬가지다. 역사는 사로국으로 바뀌었지만, 예전은 어떠했는지 알 수 있는 곳이다. 이 옛 무덤을 보면서 임당을 한 바퀴 돌면 꽤 긴 산책이 된다.

98

급히내달려앉아 용변을볼때
모락모락오르는 시향에그만
시원히쏟아내는 비데물줄기
흥건히젖는것도 그냥좋아서

몇방울묻은방울 닦아내려고
휴지찢다가그만 반쯤뜯긴체
일좀더보태다가 톡톡스미는
변기통놓아두고 물내리면서

 재떨이

책은 똥이라고 말하는 시인이 많다. 가만히 듣고 보면 기분이 나쁜 말일 수 있다. 똥과 같이 꽤 쓸모없는 것이 될 수 있기 때문이다. 똥은 무언가 먹고 소화기관을 거쳐 신진대사를 통해 빠져나오는 찌꺼기다. 그 똥처럼 시원히 쏟고 싶을 때가 있다. 아무것도 보지 않고 읽지도 않으면 내 몸을 거쳐 흐른 신진대사는 없다. 변기통도 하얗다. 하루에 따뜻한 밥 한 그릇과 뜨끈한 국 한 그릇으로 시작했다면 저녁은 변기통에 편히 앉아 시원히 용변을 보고 좌욕쯤 해보면 어떤가!

쪼로록 오른 물도 느끼면서
꼬로록 내린 물도 느끼면서

99

대문가높이높이 세운솟대에
오늘도많은손님 물고오시라
하늘처럼바라본 카페 조감도
밤도낮동안에도 쉼없이보네

대문가높이높이 세운솟대에
먼옛적앞날에도 숨결스미는
살아숨쉬는우리 여기는소도
한잔도두잔에도 손놓고보네

재떨이

소도라는 말은 솟대, 솔대, 소줏대 등에서 유래되었다. 여기서 '소'는 '길게 또는 곧게 뻗은'이라는 의미다. 대는 '간竿(=장대)'이므로, 소도는 입간立竿이다. 소도는 신단神壇의 의미인 '수두'나 높은 지대의 의미인 '쇼터'에서 유래했다. 조감도 또한 대로 가에서 보면 약간 높은 지대에 자리한다.

삼국지 위서 한전에 실린 내용으로 보면 제사를 주관하는 곳, 별읍別邑, 귀신을 섬기는 곳, 도둑이 그 속에 들어가면 면죄부처럼 여겼다. 어느 정도는 성전이나 다름이 없었다.

소도와 금줄 문화는 우리 민족의 근원을 얘기한다. 카페 조감도에 들어서면 대문과 솟대가 있다. 소도와 금줄 문화를 간략하게 표현한 것이다. 새 세 마리가 하늘 높이 바라보고 있다. 오늘도 많은 손님이 오실 것이고 저 먼 데서도 찾아오시게끔 부도와 같은 역할을 한다.

100

알츠하이머처럼 나는적었다
지워나간하루가 대숲같았다
밤이면만월처럼 떠오른하루
민낯에다가죽죽 그어나갔다

그을수록대숲은 나를지웠다
지운건분명했다 다음날이면
아주맑고깨끗해 홀가분했다
또일은마디마디 이어나갔다

오늘도유골처럼 바람이분다
댓잎같은하루가 소리가난다
하루는유성처럼 스쳐가므로
과거에도현재도 묻어놓는다

 재떨이

자고나면하얗다 굳은흑심은
어디를뛸줄몰라 자처럼앉아
어제를읽고오늘 바라보던때
몇군데에문자가 이리쌓였다

시간은강물같아 쌓은구름도
어느새빈광주리 가벼운줄을
호젓이띄운쪽배 무심코보는
문자는가라사대 애끓는하루

애끓다말고펼친 야윈길손이
다져펼쳐보아도 부족한줄을
그래도고이적어 다시보면은
아어찌이하루가 짧다하리오

101

모과처럼하루가 지나갔어라
우둘투둘형식도 없는날이라
이냥저냥겉보아 모과같은날
그래도잊지말라 씨는있어라

모가지똑따놓고 바라본하루
구린내만풍기는 삶아니던가
이몸이썩어들어 향은있어라
그래도한번왔다 가는길이라

 재떨이

경산은 참 인정이 많다. 과수농사도 안하는 것이 없을 정도로 다양하다. 참외, 대추, 복숭아, 수박, 감, 사과, 포도, 거기다가 모과까지 재배하는 곳이다. 하루는 여기 동네 형님께서 모과를 꽤 가져다 주셨다. 텃밭에 키운 모과나무에서 딴 것이다. 아내는 모과를 쫑쫑 채를 쓸고 절였다. 카페에 오시는 손님께 한 잔 내 드리기도 했다. 절여놓은 것이 꽤 맛이 있었던지 하나씩 사가져 가시는 손님도 꽤 된다. 한 겨울에 모과를 뜨끈뜨끈한 차로 한 잔씩 드시면 감기에 꽤 좋다.

모과처럼 하루가 우둘투둘 형식도 없었지만, 모과처럼 따뜻한 글 향은 있었으면 좋겠다.

102

죽은것은편하다 볼수없으니
아예느낌도없다 그러나삶은
생산과소비라서 좇고쫓기는
죽음보다견디기 더힘드는일

살아열심히좇자 군사열하듯
내몸을추스리며 달려나가자
살아느끼는이일 충분히느껴
그릇에담아후회 없도록하자

재떨이

볶은 커피를 들고 배달 나간다. 카페 점주는 하나같이 힘들다. 과열경쟁에 판매 가격은 도로 내렸다. 손님은 반 뚝 끊어졌고 각종 세금과 경비는 오히려 더 늘었다. 어떤 카페는 방학 아닌 방학한다. 한 겨울 한 철은 쉬는 카페도 있다. 너무 추워 사람이 나오지 않는다고 해서 말이다. 그나마 올해는 그리 춥지도 않아서 쉬지도 못했다. 웃지 않을 수 없는 일이다.

이런 와중에 인간 기대수명은 142세라는 어느 칼럼을 보았다. 그 근거는 미국 텍사스대 건강과학센터에서 실험한 'UT2598'이란 쥐가 일반 쥐 수명(2.3년)의 1.77배인 4년을 산 것이다. 이를 인간에 적용하면 142세라 한다. 장수의 비결은 '라파마이신'이라는 항생물질이었다. 1960년대 남태평양 이스터 섬 토양의 미생물에서 노화를 억제하는 물질을 추출했다. 2003년 '인간 게놈 프로젝트' 완성 이래 노화에 대한 접근방식부터 확 달라졌다.

예전엔 치료에 급급했다면 요즘은 유전자라는 근본을 파고든다. 마찬가지로 암, 뇌졸중, 폐질환 등 주요 사망원인인 질병도 앞으로는 관리가 될 것으로 보인다.

문제는 장수가 축복인가 아니면 불행인가다. 100세 시대 100세 시대 자꾸 떠들고 있지만, 진짜 100세 시대임은 분명하다.

103

나는가지못하고 동영상봤네
일본그집은기계 아예없었지
커피어찌내리니 둥근천에다
곱게간커피담아 그냥내리지

법랑에끓인물로 죽죽돌렸지
어느정도돌리면 양은되었지
따끈한잔에다가 마저따르면
한잔정히마시는 딱한잔이지

 재떨이

여기서 배워나가 창업한 카페가 있다. 밀양 에르모사다. 학교 후배다. 그는 일본에 자주 드나든다. 일본 어디라고 했는데 그곳 지명은 잘 모르겠다. 노인 한 분이 커피 볶는 동영상을 보았다. 아들이지 싶은데 칠순쯤 돼 보였다. 드립을 한다. 바에는 손님 두 분이 앉아 그 드립을 보고 있다. 한국 손님이 꽤 오시는지 메뉴판은 한글과 일본어로 쓰여 있었다. 참 신기하게 본 것은 여기는 에스프레소 기계가 없었다. 오로지 드립만 추구하는 카페였다. 드립 문화는 일본이 가장 앞서간다. 드립 관련 기구들도 보면 죄다 일본어다. 정말 카페를 오래 하고 싶다면 맛을 추구해야 할 것이다. 드립이 얼마나 중요한 것인지는 직접 드립 커피를 마셔보면 안다. 깔삼하다. 더 말할 필요가 없다.

104

거리는변하여도 삶그대로다
시간은지났지만 변한건없다
악착같이일해서 모은자본에
투자와그효율에 시비가난다

십년은하루같고 금시가지만
하루는고통처럼 감내하여라
뜻하는바이룰때 다음목표를
세워또이뤄갈때 뜻은이루리

 재떨이

보험 일하면서 느꼈던 것이다. 대구 어느 마트였다. 동의서 한 장 받기 위해 여덟 번 찾아갔다. 30대 후반 40대 초면 한창 일할 나이이다. 근데 신불(신용불량자)이 꽤 많았다. 나는 많이 놀라워했다. 저축하며 가정을 이루어야 할 나이지만, 금융거래는 어떻게 말할 수 없는 처지다. 50대 60대에 사람을 만나보면 잘못된 투자로 그간 모은 돈을 순간 다 날린 사람도 적지가 않다. 3,40대는 살기가 빠듯해서 보험 넣기가 힘들고 5,60대는 보험의 필요성과 중요성은 알지만, 그간 날린 게 많아 보험을 넣을 수 없다. 그렇게 인생은 가는가 보다.

젊은이들이여, 정말 버는 수익이 있다면 그 수익에 아주 조금은 장래를 위해 보험을 넣어라. 항상 준비하는 마음은 있어야겠다. 내가 특별히 자금운영에 자신감이 없다면 보험만큼 확실한 금융상품도 없기 때문이다.

105

늙고아픔은예외 누구도없다
흐르는강물처럼 세월은간다
사십을넘고보니 하루가빨라
벌써오십이코앞 몸은꽤달라

어쩌면사는것이 황톳길임을
여태껏살았어도 못내깨닫고
한시대건너보아 닥치는일을
대하고들어보면 남같지않아

 재떨이

부모님은 일흔다섯 해를 맞았다. 처가에 장인어른은 일흔여덟, 장모님은 일흔셋을 맞았다. 양가 부모님을 뵈면 건강하게 사시는 게 얼마나 중요한가를 새삼 느낀다. 아버지는 작년 뇌수술 두 번 했지만, 비교적 건강하시다. 수술 들어가기 전보다 훨씬 더 좋아졌다. 하지만, 요양원에 계셔 요양사로부터 보살핌을 받는다. 촌에 기거하시는 것보다 훨씬 좋아서 묵는다. 어머니는 당뇨가 높아 한 달에 몇 번은 병원을 오간다. 처가도 마찬가지다. 장모님은 작년에 뇌경색이 왔었다. 급히 병원에 모셔 치료를 받았다. 장인어른께서도 눈이 좋지 않아 자주 병원에 다니시기도 한다. 아무래도 나이가 들면 그간 병원이라고 하면 자주 가보지 않았던 곳도 자주 가게 된다. 양가 어른을 뵈면 건강이 얼마나 중요한지를 깨닫는다. 하루 최소한 걷기 운동은 해야겠다. 당뇨와 성인병은 어느 정도 줄일 수 있겠다.

106

오동통한물오른 독도새우는
우리땅우리바다 우리새우다
예부터손님접대 따뜻이했다
진정우리것이라 떳떳함이다

남의것을탐내면 벌을받는다
통통물오른새우 독도의산물
우리는떳떳하다 말필요없다
더논하는일입만 아플뿐이다

재떨이

한 때 미국 트럼프 대통령의 방한으로 손님대접에 관한 기사를 보고 쓴 글이다. 독도새우는 독도 주변에서만 나는 특산물이다. 일본은 독도의 영유권 분쟁으로 독도새우를 거론했다. 에휴 무슨 글을 더 쓸까만, 입만 아플 뿐이다.

107

나이는들어가제 일은더많제
신경이더는게다 편한일있나
사는게엮어가는 연줄이많아
너거는우째사노 잘살고있제

마그러면서사는 그러다늙는
늘그막하게앉아 누가애낳데
하이고야야가가 애를다낳고
세상또흘러나는 정말늙었고

 재떨이

오십이 올 줄은 정말 몰랐다. 아직도 마음은 이십 대처럼 팡팡하다. 그러나 몸은 꽤 늙었다. 아침에 일어나면 벌써 걷는 것부터 신호가 온다. 젊을 때는 부드럽든 관절이 이상하다 싶을 때도 있으니까! 웃지 마라. 다 늙는다. 커피도 어찌 오래 하겠나 싶었는데도 벌써 이십사 년을 했다. 커피는 잘했다 싶다. 이제는 돈을 벌겠다는 마음보다는 일거리가 있어야겠다는 마음이 도로 앞선다. 그래도 아침에 일어나, 뜨끈뜨끈한 케냐 커피 한 잔 내려 마시는 게 가장 큰 행복이다. 정말 그 어느 국 국물보다도 시원하다.

108

쉬엄쉬엄산넘어 가는길가비
꾸불꾸불길가다 자꾸보는물
옆은운문댐어찌 저리말랐나
봄부터가뭄이라 바닥만보네

물도많아야손님 끊이지않지
푸른계절다가고 더마른겨울
나목처럼서서길 너머바라본
물길언제트일지 막막히보네

 재떨이

재작년이지 싶다. 가뭄이 꽤 심했다. 그리 많던 운문댐 물이 바닥을 보일 정도로 말랐으니까. 댐이 바닥이니 상류는 더하다. 가비는 운문사 앞 공영 주차장 앞에 자리한다. 내가 창업을 도운 카페 중 하나다. 장사 꽤 되는 집이었지만, 그 해는 좋지 않았다. 물이 없으니 사람 발길도 뚝 끊겼다. 그러니, 장사가 얼마나 힘든 일인가? 가뭄이 들어 손님 끊기고 소득주도 성장이라 해서 아예 사람 구경은 더 하기 어렵게 됐다. 그나저나 이리저리 물길 트일 때도 됐다. 바닥이 있으면 또 불어나는 것도 순리라 참고 기다리는 서민의 마음만 애가 닳는다.

109

대지가흔들리고 벽무너졌소
창문은깨어졌고 문부서졌소
꼼짝없이앉아서 지켜보았소
겁에질려얼굴은 정말하얗소

우리어찌자연을 이겨내겠소
한번또여러번을 잡고흔들듯
엿가락처럼휘다 부러졌다가
온전히남은건물 몇이나있소

 재떨이

포항 지진 때 이야기다. 포항은 여기서 가깝다. 한 시간 거리다. 정말 지진이 있었던 이 날, 건물 밖으로 뛰쳐나왔다. 동네 거리가 한동안 조용하다가 사람들로 북적됐다. 여기는 원룸 촌이라 다가구주택이 꽤 많다. 사람들이 이렇게 많았나 싶을 정도였다. 포항 지진은 천재가 아니라 인재라 얘기하는 사람이 늘고, 그 원인은 포항지열발전소 때문이었다. 가동이 중단됐다.

110

살아느낀마음을 채울길글뿐
쓴다고다글이냐 이제수치다
하루들여다보고 마음하나라
허전함달래보고 생각다진다

본디달보면이건 웃을일이다
내쉬고들여놓는 우리숨소리
너와나우리가락 예외없잖아
단군이래내려온 우리숨소리

 재떨이

이 글 써 놓은 지가 꽤 되어서 잠시 읽다가 웃어본다. 우리 숨소리는 3·4조다. 옛시조가 또 그렇다. 3·4조 율격의 대표적 시인을 꼽는다면 소월素月이다. 아니, 3·4조 율격을 조금 변형해서 7·5조 율격으로 썼다. 시 진달래 꽃 모르는 사람은 없을 거니까! 뒤에 미당도 7·5조 율격의 시를 꽤 많이 썼다. 시인 김영랑은 남도 문화를 꽤 심어 넣기도 했다. 부끄럽지만, 취미 삼아 적은 글이다. 꽤 쓴 것이 아니라 아예 책까지 만들었으니, 웃지 않을 수 없는 일이다.

111

아침에따끈따끈 먹는국밥은
하루중으뜸가는 행복이지요
속든든채워보면 하루보여요
눈뜬세상또하루 달려가지요

김모락모락나는 국밥먹으며
뚝배기담은국밥 생각합니다
한숟가락뜨는데 눈물납니다
우리는따끈따끈 담았습니까

 재떨이

따끈한 국밥 한 그릇은 하루 눈 뜨게 한다. 뜨거운 국물이 속 데울 때 굳은 몸이 무슨 기계음처럼 착착 틀어지고 끼 맞추고 뻐거덕 하면서도 어딘가에 모르는 어떤 윤활유처럼 돌아가는 걸 참 많이 느낀다.

눈물이 난다.

나는 왜 그런 따끈한 시 한 수 짓지 못하는가 말이다. 글 매무새가 좋아서 남의 똥만 보다가 그렇게 보냈던가! 따끈따끈한 시 한 수 쓰고 싶다. 국밥 같은 시를,

112

사람이태어나서 죽을때까지
판별하는얼굴은 오천명안팎
우리일면식있죠 면에사니까
면면이있는사람 모이면면발

초상이나결혼은 국수먹는날
그러니까면발도 먼저보아야
선다니깐스치는 한면또한면
면을봐야면한다 덮으면수면

 재떨이

권상호 선생의 '말, 글, 뜻'이라는 책을 읽었다. 이 속에 든 내용이다. 얼굴을 가리키는 우리말에는 '쪽', '낯', '얼굴'이 있고 한자는 얼굴 면(面), 얼굴 용(容), 얼굴 안(顔) 등이 있다.

기초 행정 단위로 읍(邑), 면(面), 동(洞) 등이 있다. 여기서 면(面)의 의미는 무엇일까. 사람이 태어나서 죽을 때까지 얼굴을 판별할 수 있는 숫자가 면(面) 단위의 5천 명 안팎이 되기 때문이란다. 그러니까 농경사회에서 면면(面面)이 있는 사람의 경계가 행정단위 면(面)이 된 것이다. 집안에 혼사가 있거나 초상이 나면 면면(面面)이 있는 면내(面內) 사람들이 모이기 때문에 만들기 쉽고 먹기 쉬운 국수 면(麵)이 제격이다.

잠잘 면(眠)도 재미있는 글자다. 면(面)을 봐야 면(眠)하고 있는지 알 수 있다. 수면(睡眠)이라는 단어의 두 글자는 눈이 드리워져(垂) 있거나 감고(民) 있는 모습이다.

113

하늘나는무리는 집을짓는다
새에서곤충까지 이에인간도
집을짓는다집은 창조의공간
삶을위해세대에 세대를위해

또짓고또짓는다 지으니집에
누에고치가아닌 제비도아닌
까치집은더아닌 제혜로엮은
가볍고뚜렷하게 집짓고싶다

 재떨이

새는 하늘을 제대로 날기 위해서 집을 짓는다. 집은 쉼터다. 평생 집 하나 못 짓고 가는 사람이 여간 한둘인가! 자신의 집을 지어보라! 그 텃새에 나의 기가 강해야 그것도 가능하다. 예부터 집 짓다가 골로 가는 사람 많았다. 기가 온전해야 집을 지을 수 있고 지은 집에서 편히 쉴 수가 있다. 편히 쉬었다는 말은 날개를 펴고 하늘을 날 수 있겠다는 말이다.

창조의 공간 집을 짓자. 주춧돌을 놓고 기둥을 세우고 서까래 같은 단어를 늘여보자. 시제와 같은 대들보를 얹어 하늘 아래 멋진 집을 지어보자. 지혜로 엮은 가볍고 뚜렷한 집, 말이다.

114

잔받침대위에잔 텅비어있다
먼지만이불처럼 소복하여라
누가이잔하나를 들어주기요
들어서따끈따끈 차담아주오

재떨이

커피 잔은 자꾸 써야 윤기가 난다. 사람도 마찬가지다. 가만히 있으면 죽은 목숨이다. 어데 불러주는 데가 없으면 먼저 찾아 가보는 것도 중요하다. 가만히 있지 마라!

잔 하나 힘껏 올려본다.

115

늦은밤영화보다 눈물만났지
아이캔스피크라 말못할사정
꾹꾹참아온아픔 세계만방에
알렸던위안부삶 보다울다가

뚝뚝눈물흘렸네 간혹추억도
이리슬프고아파 오솔길걷고
꽃반지낄나이에 모진고통을
내내보다가듣다 눈물흘렸네

 재떨이

이 영화 다시 보다가
나나옥분할머니 다시보다가
흐른눈물사진속 앳된얼굴들
당시일본군부대 지옥같은삶
죽고싶다목매다 살렸던정심

흐른세월친구는 아파누웠네
정심이는알렸네 이제는못해
옥분이미국회에 연설하다가
더는못볼슬픔을 꾹꾹울었네

우리말로똑똑히 연설하시는
끝내영어로분통 터뜨렸다네
다시보고또보고 내내울었네
다시는이런역사 없어야하네

116

실없이하늘꿰는 바늘보았다
옷감만드는일은 저일뿐인가
매번이루지못한 무모한일을
저리도펑펑꿰며 바라보는가

바늘귀놓아두고 실없이웃는
무엇이성공인지 알수가없다
외바늘귀터지기 쉽다고했다
꿰고꿰려면그냥 믿고벗어라

재떨이

옷은 날실과 씨실로 엮어 만든다. 제대로 짜야 어느 정도 입을 수 있는 옷이 된다. 사회는 사람이 모여 이룬 조직組織이다. 조직이라는 단어를 보면 부수자가 실 사糸 변이 들어간다. 실처럼 짠 것들이다. 내가 싫든 좋든 옷을 만들어야 먹고 살 수 있다. 조직을 만드는 힘 같은 것 말이다. 네트워크다. 네트워크에 관한 속성은 몇 가지가 있다. 첫째 복제성, 성공자의 말을 듣고 복제하는 것 둘째 승수효과, 어떤 한 영향이 동기가 되어 파급적 효과를 누리는 것을 말한다. 셋째 중심성과 방향성을 잘 분석해야 한다. 네트워크의 형성은 사람, 사물, 조직 등이 있다. 이중 사람은 벗, 지인 및 인척 다양하겠다. 조직은 동창회 및 계모임 등이 있을 것이다. 이를 액터라 한다. 액터의 행동과 태도 및 속성을 미리 파악하는 것도 중요하다. 무엇보다 중요한 것은 신임 가는 행동 믿음이다.

117

굿판은달아올라 널뛰기한다
장날에뭐가있나 뛰어보지만
웃고우는시장판 바람은불어
순풍역풍휘돌아 난장판이다

무대에오른상판 화끈도하여
욕심없고믿음만 두둑하다면
담너머보는만월 쉽지않을까
여러달보지말고 한길쭉보라

재떨이

거리는 장날이다 장날 거리에 녕감들이 지나간다 녕감들은 말상을 하였다 범상을 하였다 쪽재피상을 하였다 개발코를 하였다 안장코를 하였다 질병코를 하였다 그 코에 모두 학실을 썼다 돌체돋보기다 대모체돋보기다 로이도돋보기다 녕감들은 유리창 같은 눈을 번득거리며 투박한 북관北關 말을 떠들어대며 쇠리쇠리한 저녁해 속에 사나운 즘생같이들 사러졌다

백석의 석양夕陽 시 전문이다.

장날에 여러 사람의 형태를 묘사했다. 백석이 살았던 시대와 지금 뭐 크게 바뀐 것은 없어 보인다. 서민의 삶은 고달프게만 보인다.

118

찢은벽지를본다 둔덕에오른
비석보다더맑은 나비같아라
하루도빠짐없이 끼고펼치니
후대에누가이리 몸소닦을까

낮과밤처럼뜨는 이것은먼지
어떤대가도없는 붓질하나로
닦아도또닦아도 소복이끼는
어찌맑은물한잔 쉽게마실까

 재떨이

세상은 왜곡된 진리로 뒤범벅이다. 통신문화의 발달과 각종 매스컴의 영향으로 보다 더 밝은 것도 있지만, 도로 더 어두운 것도 있었다. 우리나라 정규 교과과정을 다 거쳤다고 보기에도 멀쩡한 사람이 우스울 정도로 터무니없는 말을 한다. 가령 조선이 미 대륙에서 시작했다는 얘기, 물론 이런 얘기는 없겠지만, 유-튜브의 방영은 이 이상으로 오보를 내고 있거나 아니 있는 것 같다. 또 이런 터무니없는 얘기를 굳이 찾아 듣는 사람도 있으니까 정말 그 진실을 알고 재미로 듣는 것과 차원이 다른 얘기가 된다. 너무 황당해서 군말로 덧붙인다.

119

나무처럼서있자 입꾹다물고
오직하늘만보자 바람불어도
새가날고와앉아 머물다가도
거저허허웃으며 가만히듣자

그냥듣고있어도 새는또오고
새처럼좋은친구 또있을까만
묵묵히하늘보며 바람만쐬자
거저허허웃으며 지그시감자

 재떨이

카페는 입 꾹 다물고 서 있어야 한다. 카페는 시장바닥처럼 온갖 얘기의 집결지다. 카페는 거짓말은 물론 등 굽은 말, 희한한 말, 집 안에서만 있어야 할 말까지 모인다. 그 말을 보는 것도 즐거움이지만, 그냥 보고 마는 것도 예의다.

120

여든여덟번쳐야 쌀이나온다
팔십팔세는미수 풍성히익은
치희가고하희온 농경시대에
백미한숟가락은 여든에간다

하루씩도정하여 얼마될까만
공자는가라사대 넉넉한삶에
조문도석사가의 차고넘치는
그하루연이어서 인생백미다

 재떨이

고구려 2대 유리왕이 지은 '황조가(黃鳥歌)'의 배경설화에 왕이 사냥을 나간 사이 '꿩 치(雉)'자의 치희(雉姬)가 '벼 화(禾)'자의 화희(禾姬)에게 사랑싸움에서 패하고 떠나는 장면이 나온다. 이를 두고 이 땅에 수렵시대가 끝나고 농경시대가 왔다고 평하기도 한다. 이것만 보면 이 땅의 벼 심기는 2천 년은 족히 넘었다.

속설에 88번 손을 거쳐야 쌀이 탄생하므로 팔십팔(八十八)을 엮어 미(米)자를 만들었다고 한다. 절묘한 해석이다. 88세를 일컬어 미수(米壽)라고 하는 것도 같은 이치다. 기실 미(米)의 갑골문 모양은 벼를 터는 큰 나무막대(十)를 중심으로 사방에 흩어져 있는 볍씨의 모습이다.

'말, 글, 뜻', 권상호, 푸른영토, 2017.09.30.

121

원래향은밥짓는 향이최고다
슬금슬금솔솔솔 끓어오르는
바람따라퍼지는 밥향은미끼
가려가며나서야 오래사는법

밥풀때기진상들 까만무쇠솥
염치없이흰주걱 한종지담다
철밥통깨지는일 향은향이다
세금만잘내어도 삶은명리다

재떨이

보험 일하면서 느낀 것이다. 저 위쪽 서울은 어떤가 모르겠다만, 생각보다 신용불량자가 꽤 많다는 사실, 몰라! 신불만 꽤 만나 보았기에 그런지도 모르겠다. 정말 경기 어려울 땐 세금만 잘 내도 명리가 아닌가 하는 생각 잠시 했다. 좀 더 나가 절세하며 복리 인생을 살고 싶다면, 보험은 필수겠다. 이미 든 보험이 있다면 굳이 해약하거나 가치 없다 생각지 말고 꾸준히 넣는 그 책임감을 다해보자. 보험은 나와의 약속이다.

하루는 모 옷가게에 다녀왔다. 대표 연세가 65세다. 조금 더 젊을 때부터 아이들 보험을 넣기 시작해서 얼마 전까지 유지했나 보다. 이제는 애들도 출가하고 경제적 자립을 하였거니, 보험을 넘기려 했다. 아들과 딸은 단호하게 거절했다. 대표는 할 수 없이, 아깝지만 해약해 버렸다. 참 안타까운 일이다. 이런 얘기는 어디든 들을 수 있는 내용이라 현재 보험에 대한 인식을 알 수 있음이다.

122

방명록에고맙다 덕은웃는다
세월가고낚시꾼 어디도없다
유독물만보면은 묵념만한다
물은물만아니라 물또물이다

물이모여천되고 천이모여강
장인은애초물을 잘다루었다
강물이범람하면 금은없었다
물빠지면금긋는 일은원수다

 재떨이

일은 공명정대公明正大해야 한다. 사사로운 마음이 들어가서는 안 된다.

조그마한 사업체를 운영해도 대표는 명확해야 한다. 농경문화의 시작은 물을 잘 다루었던 장인이 족장이었다. 강물이 범람하면 금은 없었기에 물 빠지면 금 긋는 일이 가장 어려웠다. 조금 더 넣기도 하다가 간혹 준다면 그 사회는 분란이 일어나고 족장의 목숨까지 위태해질 것이다. 하물며 한 국가를 움직이는 대통령은 오죽할까 싶다.

세월 가면 잊힐까!

123

꾸준히날아간다 딴길안본다
돌아오지않는다 그냥죽는다
죽가다가이룬다 삶의목표다
그러다가죽는다 딴세상간다

가는길알면좋다 알려고한다
삶을알아야한다 책읽고쓴다
쓰면이룬다안다 정말모른다
덮는다세상덮고 온전히본다

 재떨이

현재의 내 모습은 과거에 이미 한 행동의 결과다. 지금 밤잠 스치며 거북이 등껍질을 두드리는 것은 토끼보다는 빠르게 갈 수 있겠다는 믿음 때문이다. 물론 토끼가 없어도 관계없는 일이다. 나무가 있고 그 나무 밑에서 잠시나마 편히 쉴 수 있는 시간이었으면 좋겠다.

책도 젊을 때 읽는 것이 더 기억이 남고 읽기도 쉽다. 이제 오십 줄 들어서는 마당에 무슨 뚱딴지같은 소리인가! 눈은 예전만치 못하고 몸은 더 굳어 자리에 오래 앉아 있기가 부담일 때가 있다. 오히려 바깥에 나가 산책 삼아 걷는 것이 책 한 자 보는 것보다 나을 때다.

세상을 보는 건, 보는 것만으로 충분치 않다. 먼저 건네는 손이 있어야 한다. 보이지 않는 손이 아니라, 경험의 손이 중요하다. 그러기 위해서는 내 손 위에 깨달음이 먼저 있어야겠다.

124

밤새새끼하나가 차에치였다
꼬리가기형이고 몸통하얗다
그새치운사람은 없었다한다
누운자리보니까 아예붙었다

더는치울수없고 바닥되었다
어미가보았으면 애통하겠다
제대로살아보지 못한한세상
뻑소리와더불어 빛처럼갔다

재떨이

우리는 평생 공부다. 나는 이런 말을 자주 한다. 커피 일 20여 년을 했지만, 길고 긴 인생을 생각하면 잠시 아르바이트한 것 같은 느낌이다. 솔직히 커피를 알겠다고 책을 펼치는 순간 이미 내용은 반 이상 안 셈이다. 거기다가 몇 권의 책을 사다 보면 전문가 아닌 전문가가 되어 있다. 문제는 현장에 대한 경험이다. 사람 심리가 여기서 들어간다. 커피의 피상적 내용은 그렇게 중요하지가 않다. 인간관계에서 올바른 철학이 나와야 진짜 직업의 완성이며 어느 정도 공부를 마친 셈이다.

죽은 새끼 고양이처럼 잠시 머물다가 간 아르바이트 아니 임직원 아니, 점장은 도대체 몇 명일까! 그래도 커피는 뜨겁고 카페는 여전히 붐빈다.

125

어미모르고아비 모른다나다
아무것도모르고 나만숨쉰다
앞뒤가리지않고 그냥달린다
지구는오늘돌고 돌아가니까

예는아예없었다 오로지뛴다
막무가내뛰다가 거름막보면
그냥내가나니까 순서가없다
뒤돌아보면없다 흔적만있다

재떨이

아프리카 사바나 공원의 한 장면인 것 같았다. 들소는 들소 무리에 있을 때 가장 안전하다. 얼룩말, 가젤 등도 그렇다. 개체 수에 포식자에 대한 어떤 경계다. 그러다가 갓 태어난 들소는 이탈한다. 어미가 뒤따라서 쫓아온 포식자와 겨루지만 결국, 어미가 쓰러진다. 새끼는 이미 어미의 뜯긴 배를 보며 서 있었다.

126

암과같은아픔을 딛고일어선
조개가품은진주 빛을발하네
우리인생의끝은 어찌발할까
흙에서나흙으로 가는우리는

매번빚고닦아도 부족한우리
일그러지고빚다 또쓰러지고
어찌완벽한그릇 있을까마는
끝은그래도종지 하나있어라

재떨이

종지는 가마의 몇 천도의 불 끝에서 나온 산물이다. 조갯살을 파먹고 자란 진주는 빛을 더 발한다. 흙에서 빚고 자란 건 종지만이 아니다. 느림보 같은 시간 위에 제 삶을 조금씩 파먹는 것은 어둠을 빨리 깨치려는 일련의 운동이겠다.

만약 종지 하나가 있었다면 그건 투박한 질그릇이겠다.

127

친구어머니세상 달리하셨다
올해연세칠십칠 좀더사셔도
서운할듯한춘추 살아생전에
남보다고생많아 구순쯤에서

겪어도되는병을 모두앓았다
피골도상접하고 뼈도비었다
거동도못하시다 누가누군지
알아보지못하다 그리가셨다

 재떨이

친구 어머님이 돌아가셨다. 한해가 거듭할수록 요즘 부고장이 잦다. 순서가 빨리 온다는 말이기도 하다. 하는 일이 없으면 그 순서는 더 빠르겠다. 어느 날 신문에서 본 내용이었다. 구십일세 할아버지였다. 맥도널드에서 아르바이트만 수년을 하셨다. 밝게 웃는 사진을 보니 어떤 마음인지도 알 수 있었다. 일을 일찍 손 놓으신 부모님 뵈면 마음이 아프다. 동네 산책을 가시거나 집에 머물거나 경로당에 다녀오시는 것이 일과다. 건강하게 오래 사는 것이 인간의 바라는 상이지만, 시간은 점점 축적한 현재를 판결할 것이다. 올해 연세 일흔다섯인 아버지께서 머문 요양원에 가 본다. 아버지는 인식은 있으시나 대소변이 어렵고 옆에 누워 계시는 할아버지는 숨쉬기가 어렵다.

지금 내 나이는 얼마인가?

128

다만눈이내려야 발자취있지
연일맑은날이라 흔적도없어
첩첩산이라굳이 눈은없어도
좋은한세상허허 웃으며있지

길은나가걸어서 돌아오는것
눈길없이앉아서 보아도좋아
좁은몸좁다말고 둘러보는길
돌다보면가는길 편히쉬는길

재떨이

안불망위(安不忘危)라는 말이 있다. 편안한 가운데서도 늘 위험을 잊지 말라는 뜻이다. 역경에 나온다. "편안한 가운데 늘 위험을 잊지 말고 살아 있을 때 멸망을 잊지 말며 다스려질 때 전쟁을 잊지 말라(安不忘危 存不忘亡 治不忘亂)"는 교훈이다.

옛 일기를 꺼내 읽으면 떳떳한 일도 있지만, 부끄러운 것도 꽤 많다. 이러한 일을 두고 시간이 훌쩍 지난 지금 깨달았다고 보기에는 너무 큰 실수도 있었다. 한 자씩 남겨놓은 것들이 어떤 때는 낯이 붉어질 때도 있다. 모두 미숙한 일이었다. 길도 자꾸 가다 보면 언젠가 쉴 수도 있을 것이다. 어쩌면 눈길 없이 걷는 게 더 편할 때도 있다.

129

푸른숲에소복이 내린눈있다
숲도모르고또한 나무도몰라
단지솔잎에앉은 송충이같아
경전같은잎새에 꾸물거린다

오직눈은내린다 푸른솔잎에
한잎씩꿰어먹는 눈은내린다
언제나그자리에 눈만내린다
해와달도모르고 바늘같은눈

 재떨이

20년 2월 18일, 신종 코로나(우한 폐렴) 청정지역이라고 하던 대구에서 첫 환자가 발생했다. 내가 머무는 곳은 경산이다. 각종 단톡에는 코로나로 도배다. 카페도 마찬가지다. 코로나 이야기하는 사람이 부쩍 많았다. 오시는 손님도 죄다 마스크다. 어느 카페에 들렀을 때는 점장도 마스크에 완전 중무장한 듯했다. 병원균의 전염속도를 생각하면 그럴 만도 하겠다.

확실한 네트워크는 병원균이 아닐까! 제레드 다이아몬드 교수의 '총, 균, 쇠'라는 책을 읽은 적 있다. 서구와 남북 아메리카의 대륙 간 문명의 차이는 꽤 컸다. 서구 사람이 신대륙에 도착했을 때는 그간 진보한 균을 먼저 안겨주었다. 면역력이 없는 꽤 많은 사람이 죽어나갔다.

보험 영업을 한다. 이 일을 어떻게 시작할까 참 고민이 많았다. 인맥이 그리 다양하지가 않아서, 그리고 먼저 다가가 무엇을 설명한다는 것이 부자연스러워서 말이다. 하루는 동생에게 찾아갔더니, 이런다. 오빠 보험은 '민폐야 민폐' 하며 여러 군소리를 뱉는다. 보험이 좋아 보험 일을 해보는 것이지만, 그간 얼마나 많은 사람이 이 일을 했을까! 하는 생각이 스쳐 지나간다.

130

기본이튼튼하면 언젠가뜬다
파도는내려가면 다시오르니
서프보드타듯이 균형을잡자
몰고오는대군단 그중심읽자

맹수처럼헐어도 가만히있자
도시처럼채워도 그대로있자
오로지태양처럼 이글거리자
긴어둠이끝나면 백로뿐이다

 재떨이

여건이 어떻든 사람은 만나야 한다. 병문졸속(兵聞拙速)이라는 말이 있다. 손자병법에 나온다. “병법에서 졸렬하게 싸우더라도 속히 끝맺는 게 좋다는 말은 들었어도, 교묘하게 싸우면서 오래 끄는 게 좋은 경우는 본 적이 없다. 무릇 전쟁을 오래 하는데도 나라에 이로웠던 예는 없다.(凡先處戰地而待敵者佚 後處戰地而趨戰者勞 故善戰者 致人而不致於人)”

영업도 마찬가지다. 머뭇거리다가 정신은 피폐해지고 몸은 축난다. 어떤 일이든 먼저 가보고 먼저 인사하는 것이 좋다. 만남은 진실한 대화를 통해 이루어진다. 마음이 없으면 보아도 보이지 않고 들어도 들리지 않으며 먹어도 그 맛을 모른다는 대학 정심장의 말도 있지 않은가!

상대는 내 마음이다. 내 마음을 제압하는 힘, 머뭇거리지 말고 일단 나갈 수 있는 용기가 무엇보다 중요하겠다. 진솔한 대화를 나누다 보면 무엇이 필요한지 분명 나온다.

131

가장유명한폭포 나이아가라
누구도못피하는 물은흐르고
물위나는매하나 어찌잡을까
물의불청객어찌 피하겠는가

긴병에효자없다 종같은역습
인생백세무섭다 축복은커녕
이건재앙서서히 나도모르게
이사람누구예요 핵같은공습

 재떨이

백세 인생에서 가장 발병률이 높은 질병이 치매로 올랐다. 치매에 관한 소식은 흔하게 듣는다. 이에 간병보험과 치매보험도 잘 팔리는 보험 상품 중 하나가 되었다.

어느 고령자의 일기였다. '1996년 11월 28일 목요일 소변 줄을 단 채 밖에 나갔다. 본질적인 문제는 다른 데 있다. 당연히 내 것이라 믿고 있었던 오줌 누는 기능이 문제다. 언제나 내 의식에 복종하고, 내 욕구에 따라 작동하고, 내 결정에 따라 충족되던 기능, 그 기능이 이제 내 의지를 벗어나 자기 자신으로 되돌아 간 것이다.'

일기 내용만 보면 지난해 수술을 몇 번 받으셨던 아버지가 생각난다. 아버지가 그랬다. 일반병동에서 약 한 달가량 소변이 뜻대로 조절이 되지 않아 소변 줄과 흘러내리는 오줌을 받게 오줌보 달고 다니셨다. 그 후, 아버지는 치매 판정을 받았다. 치매라고 해서 드라마 같은 이야기처럼 급속히 진행한 건 아니다. 지금도 아버지는 우리를 다 알아보시고 근황을 물으신다.

아버지는 가까운 나의 미래상이다. 삶이 어찌 고단하지 않을까, 그렇게 애써 싸우는 삶 끝에 찾아드는 질병을 생각하면 참 쓸쓸하다.

132

거꾸로세워놓은 물걸레처럼
발로밟은통돌이 돌고돌다가
틱틱튀는물처럼 바닥을닦고
여러차례닦아도 쓸모없는일

탁자마다다닦은 젖은행주로
거들떠보지않는 자리에앉아
혼절한모양처럼 다풀어놓은
한며칠아니그냥 던져버린일

 재떨이

뜻깊은 일을 성취하려면 큰 목표와 꾸준한 노력이 필요하다.(功崇惟志 業廣惟勤) 서경에 나온다. 커피를 시작했다. 처음엔 취업이 되지 않아 거저 봉고차 한 대 구입해서 동네방네 다니며 커피를 팔았다. 어떻게 팔아야 할지 몰라, 머뭇거리다가 생각한 게 집집이 세워둔 자판기를 먼저 닦기 시작했다. 그렇게 닦고 나니까 커피 주문이 한둘씩 늘어 꽤 많이 판 것 같다. 뒤에 자판기 기계도 엄청 팔았으며 기계를 직접 관리하는 곳도 꽤 많이 생겼다. 사실, 내 하는 일은 뜻깊은 일도 아니었고 큰 목표를 가지고 했던 것도 아니었다. 그냥 꾸준히 해 온 결과가 뒤에 가맹사업을 잇게 하고 또 큰 카페(카페 조감도)를 할 수 있는 기회가 온 것이다.

보험 일을 시작했다. 나는 초기에 큰 계약을 너무 많이 했다. 그간 내가 했던 일에 대한 인복이 쌓여 그런 것인지도 모르겠다. 직접 찾아 나서는 일은 참 어렵다. 보험은 절대 필요한 것이지만, 이것을 영업으로 다가가기도 뭣하고 그렇다고 명함만 주고 나오는 것도 뭣하다. 많은 시간이 필요하다. 한 곳에 지긋이 오래 앉아 있는 버릇도 필요하고 수익에 관계없이 일에 대한 사명감도 중요하다. 무엇보다 한 달에 아무리 일이 없어도 일을 만드는 능력은 있어야겠다. 무엇이든 오래 하면, 무엇이든 있게 마련이다. 금융은 누구나 필요하고 인생 전체를 두고 생각해도 피할 수 없는 길이다.

133

엮어도어거지로 엮지는말자
한해바르게엮어 만들어보자
세상모든것으로 엮어만들어
세상에없는것을 만들어보자

쓰레기차량처럼 툭툭씹으며
그날버린것모두 먹어서씹자
어둠속삭은것을 시원히뱉자
세상속그어디든 당당서있자

 재떨이

미국서 이뤄진 실험이다. 약 80명이 근무하는 회사 출입문 손잡이에 형광물질을 붙인 바이러스를 발라놓았다. 생존력이 감기와 비슷한 바이러스였다. 이후 형광 검색기로 회사를 살펴보니, 불과 4시간 만에 거의 모든 직원의 컴퓨터 자판과 전화기, 화장실 손잡이 등 손 닿은 곳마다 '형광 바이러스'가 관찰됐다. 바이러스를 커피 잔 손잡이에 묻힌 실험에서는, 커피 마신 이의 절반에서 바이러스가 호흡기에서 발견됐다.

사람이 손만 잘 씻어도 전염성이 강한 바이러스로부터 어느 정도는 예방할 수 있다. 미국의사협회지 논문에도 손만 씻어도 폐렴과 설사 질환 40~50%가 준다고 했다. 손 씻는 데 걸기는 시간 약 30초다. 30초만 투자하면 병원균 70%를 막을 수 있다.

누구든 하루를 보낸다. 그 하루에 있었던 일을 글로 남겨보는 것은 하루

중 가장 중요한 일이 아닌가 생각한다. 손 씻는 일은 하루 마감도 있다. 물로 씻는 게 30초면 글로 씻는 건 30분이다. 시간이 좀 더 걸리지만, 마음을 수양하는 데는 일기보다 더 나은 건 없어 보인다. 몇 시에 일어났고 날씨는 어떠했으며 누구를 만났고 어떤 일을 했는지 하루 식사는 제대로 했는지 말이다. 이것은 다름 아닌 위로다. 정말 나에게 식사했느냐며 진심으로 얘기하는 사람은 아무도 없으니까!

134
빛을보면죽는다 순간이동은
모두빛이다저편 보는이없다
빛으로빛을타고 매일보는빛
하지만자세히본 사람은없다

일생딱한번본다 빛은마지막
따뜻하고온화한 빛타고싶다
몇겁이흘러잠은 깨이고금시
숨쉬는공간우주 다시빛이다

재떨이

꿈같은 일이다. 시간 말이다. 무심하게도 또각또각 제 갈 길만 간다. 누구도 잡을 수 없는 게 시간이다. 그렇게 우리는 나이가 들었다. 노인 빈곤율이 우리나라가 압도적인 1위를 차지한다는 내용을 읽었다. 폐지를 줍는 노인을 보는 것이 낯설지가 않다. 다음은 빈곤과 더 절망적인 것이 인간관계 단절에 따른 사회적 고립이다.

어떤 때는 보험 일 참 잘했다 싶을 때도 있다. 젊은이들과 대화를 나누고 먼저 인사하는 것도 괜찮다. 생각보다 궁금한 것이 많은 젊은이들도 있고, 보험과 여타 일에 대해서 묻는 이도 꽤 많다. 보험도 보험이지만, 카드나 화재 관련 정보를 전하거나 건수에 대한 미련 때문에 부탁해 보는 일도 재밌다.

시간은 우리를 꽤 이동시켰지만, 마음은 언제나 제자리였다. 일 다 하고 죽은 무덤이 없다고 했다. 끝까지 일을 만들고 그 일을 풀어 나가자. 일은 생명이다.

135

부모님배웅하고 나가고싶다
내먼저가면누가 챙길까마는
불쌍한우리부모 어찌볼까나
한오십살아보니 숨놓고싶다

명줄있어도얼마 되겠나마는
순서는따라야지 그라면좋지
송송흰머리솔밭 이정도없어
가는길순서어디 있습답디까

 재떨이

아직 큰 병고를 겪지는 못했다. 하지만, 부모님은 다르다. 작년에 아버지는 뇌수술만 두 번 받으셨다. 올해 어머니는 협심증에 스텐트 시술을 받았다. 세월가면 일은 좀 더 편하고 느긋하게 돌아갈 거라고 생각했다. 정말 대표는 대표처럼 말이다. 세상 참 많이 변했다. 각종 제도가 바뀌었고 우리는 따르기에 바빴다. 이제는 직접 일을 하지 않으면 장래를 보장받기가 어렵다. 경쟁과 세금만 보더라도 거기에 인건비까지 생각하면 적자 보는 일은 당연지사가 됐다. 그렇다고 일을 손 놓을 수 없는 일이다. 치열한 경쟁에 좀 더 고객께 다가가려는 몸짓만 있을 뿐이다. 조직은 대표가 있다. 대표는 리더십이 있어야 한다.

잭 웰치 전 GE 회장의 말이다. '리더십의 핵심은 간단하다. 사람, 환경,

제품에 대해 있는 그대로의 현실을 파악한 후 그것을 기반으로 신속하고 결연하게 행동하는 것'이라고 했다.

이정里程도 없는 송송 흰머리 솔밭이다.

136

봄꽃이피면그저 봄꽃을보고
봄비내리면그저 그비를맞자
봄은오지만이제 봄은또간다
봄은다갔다이제 봄은다갔다

여름오고갈오고 겨울또온다
돌고도는계절에 인생도간다
십년백년천년이 그저흐른다
아득한것은금시 피었다간다

 재떨이

이스라엘에서 17만 년 전 것으로 보이는 인류의 턱뼈가 발견되었다. 이것으로 현생 인류인 호모 사피엔스가 발상지인 아프리카 대륙을 떠나 전 세계로 이주한 시기는 대략 10만 년 전이라는 게 기존 학설이었는데, 이 시기를 확 앞당긴 셈이다.

구석기와 신석기, 청동기가 지나가고 철기, 그리고 네트워크 시대에 사는 우리다. 봄비가 추적추적 내린다.

십 년, 백 년, 천 년 후 인류는 어떻게 될 것인가? 참 웃긴다. 당장 내일이 어떻게 될지 모르는 서민이 천 년 후의 삶을 생각하다니, 그러나 인류의 이동과 그 과정에서의 생존은 익히 읽을 만하다. 선사시대는 조상이 남긴 뼈와 벽화로 역사시대는 춘추필법에 따라 남겨놓은 각종 서적이 있었다.

한 권의 책을 읽으면 봄에 봄비처럼 순간 생각이 흐른다. 내일은 아무런 일도 없을 거라는 것과 그 어떤 일도 생길 것이라는 긍정적 흐름 같은 것 말이다.

137

예서텅텅빈카페 혼자앉았소
가는길가야할길 어찌다걷나
대목은한이십일 남짓남았소
쿵쿵쿵음악소리 심장만멎소

아무리둘러봐도 어둠뿐이라
갈길도못내걷고 주저앉았소
제비가고참새도 제갈곳날아
빈방앗간물먹듯 일각삼추라

 재떨이

직원이 묻는다. 가게 손님이 없을 땐 대표님 마음이 어떤지 생각 많이 합니다. 직원에게 대답했다. 너무 걱정하지 마세요. 장사 하루 이틀 해온 건 아니기 때문에 그저 지켜봅니다.

한국 경제는 매 정부 때마다 약 1%씩 하락국면을 유지해왔다. 서울대 김세직 교수께서 '5년 1%P 하락 법칙'을 깨야 한국 경제가 산다는 논문을 제시하기도 했다. 그러니까 매년 우리나라 거시경제는 어려웠다. 이 속에 자영업자는 오죽하겠는가!

이러한 흐름에 어떤 업자는 점포를 더욱 늘려 나간 이가 있는가 하면 어떤 업자는 오히려 축소하거나 폐점한 경우도 많다. 폐점을 하였다면 이 나라를 떠나지 않는 이상 무언가를 또 해야 하는 마당이다. 그러나 그 어떤 종목도 그리 쉬운 종목은 없어 보인다.

조그마한 가게를 운영하는 것도 문제가 있으면 분명 답은 있다. 매출은 변함이 없는데도 경영이 맞지 않으면 인건비가 문제다. 인건비는 매년 오르고 판매 가격은 원자재 값에 비례해서 보면 오히려 내렸다. 원자재 값을 보지 않더라도 과열경쟁에 제 스스로 판매 가격을 내리는 쪽으로 가고 있는 것도 문제다.

경비를 줄이려고 하면 가장 먼저 떠오르는 것이 인건비다. 인건비 줄이겠다고 직원을 줄이면 서비스 질이 나빠지고 그걸 감수하고 경영하자니 영업은 맞지 않다. 그러니, 부수적으로 다른 방도를 찾는 수밖엔 없는 것이다.

이 글을 쓰는 시점 20년 2월 19일이다. 어제였다. 신종 코로나(우한 폐렴) 환자가 대구에도 발생했다는 매스컴의 소식은 대구와 인건 지역에 크나큰 경종을 울렸다. 가뜩이나 서민 경제가 어렵다느니 하는 와중에 일이었다. 각종 모임도 취소되었다. 환자가 다녀간 행로는 방역업체가 소독하는 일로 바쁘다. 사람은 모두 신종 코로나를 안 꺼낸 이가 없을 정도다.

138

아무짝도못먹는 귀뚜라미야
오늘은그냥가지 예서또우나
더듬이곤두세워 따라오라고
까막눈부릅뜨며 따라간다고

 재떨이

대중적인 사건에 악성 루머는 정말 피곤하게 한다. 가령, 신종 코로나 확진과 관련한 문자가 이곳저곳 뜨는데 이를 클릭하니까 통장에 잔고가 빠져나갔다는 얘기다. 부랴부랴 경찰청에서는 사실무근이라며 발표하고 가짜 뉴스 유포에 엄중 처벌하겠다고 신신당부하기까지 했다. 이건 그렇다고 치고, 경쟁업종이 다양한 대학가 앞은 더욱 심하다. 저 위 모 식당에 신종 코로나 확진자가 다녀갔데, 하며 소문이 자자하다. 그 식당은 손님 발길이 갑자기 뚝 끊기고 말았다. 어떤 한 손님이 무언가 섭섭한 마음에 유포한 거짓말임에는 틀림이 없었다. 지난 신문에 확진자가 다녀 간 행로를 공개하기까지 했으며 그 아들이 다니는 공장까지 방역업체의 출동과 소독으로 떠들썩한데도 말이다. 만약 그 식당에 신종 코로나 확진자가 다녀갔다면 벌써 무슨 일이라도 생겼을 것이다. 사람들 입방아에 업자들만 곤욕을 치르는 것 같다. 이러나저러나 힘든 과정을 겪는 게 자영업자다.

139

가을초입에흰눈 새하얀저눈
한때는끌며끌며 잡은하얀눈
살포시내려밟는 곱디고운눈
새하얀귀밑머리 땅끝에흰눈

 재떨이

정민 선생의 세설신어(世說新語)에서 읽은 내용이다. '세척진장(洗滌塵腸)'이라는 사자성어를 읽었다. 이 말은 다산께서 친필로 쓰신 글에서 나왔다. 다시 쓰자면 티끌세상의 찌든 내장이 말끔하게 씻겨 나가 인간 세상의 광경이 아니었다.(塵土腸胃, 洗滌得盡. 非復人世之光景也) 이를 간략히 줄인 말이 세척진장이다.

다산은 귀양지에서도 때때로 삶을 이겨낼 수 있는 어떤 정취를 멋 본 것이다. 세상은 예나 지금이나 먹고 사느라 고달프기는 마찬가지다. 한 번씩 티클 같은 세상을 세척할 만한 달을 보는 여유와 찬바람이든 그 어떤 바람이든 쐬어도 시원히 털어낼 수 있는 그런 위로는 있었으면 좋겠다.

이것이 위안인지는 모르겠다. 밤마다 티클 같은 삶의 찌든 때 잡고 하얀 눈만 내리는, 곱디고운 눈 바라보다가 벌써 새하얀 귀밑머리가 되고 어느덧 땅 끝에 흰 눈이 되고 말겠다.

140

어설픈발걸음에 맘이갑니다
아직은부는바람 가을초입에
뜨끈뜨끈한소끔 숭늉한사발
저물녘달맞이꽃 피어납니다

재떨이

장수선무(長袖善舞)라는 말이 있다. 한비자에 나온다. 소매가 길면 춤을 잘 추고, 돈이 많으면 장사를 잘한다. 무슨 일이든 조건이 나은 사람이 큰 성과를 이룬다. 그 어떤 일이든 결과를 성급히 도출하는 사람이 있고 그 과정에 어떤 조건을 내세우면 쉽게 이룰 수도 있겠다는 막연한 추측이지만, 해보는 사람이 있다. 일을 쉽게 포기하는 것보다 늦더라도 그 일을 추구하며 이룰 수 있는 방법을 찾는 게 중요하다. 소매가 짧다면 소매를 길게 하는 방법을 찾아야 한다. 내 하는 일에 소매는 무엇인가?

일을 알리는 방법도 여러 가지가 있겠다.

141

십오년전에만원 지금도만원
돈가치여전하다 세금만만원
때거리삼각김밥 가치만줄어
여전히달만보며 우는기러기

 재떨이

초등학교 시절(국민학교)은 가난의 세월이었다. 깜장 고무신을 4학년 때까지 신고 다닌 기억이 있다. 초등학교 1학년 때였지 싶다. 소풍 갈 때 어머님으로부터 받은 용돈이 이십오 원이었다. 당시, 오 원짜리 동전이 있었다. 눈깔사탕 하나 사 먹으면 딱 맞다. 세월은 흘러 고등학교 졸업 후, 첫 아르바이트를 했다. 버스 요금이 100원 하던 시절이 있었고 밥값이 이, 삼천 원, 지금은 얼마인가? 육천 원이면 우리 동네 식당 고미정에서 충분히 한 그릇 먹을 수 있다. 생각보다 그렇게 비싸지 않다. 대체로 우리가 먹는 요식업 계통은 오른 것이 없어 보이나 우리가 쓰는 문화적 가치는 다양하고 나가는 비용도 많다. 저축하며 살기가 꽤 어려운 사회다. 그래도 장래를 생각하면 더욱 쪼개 살아야 한다. 저축해야 한다. 노인으로 가는 건 틀림없는 사실이고 훗날 좀 편안함을 추구하겠다면 연금이나 보험을 들어야 한다는 것도 맞는 사실이다. 로또는 지금 넣는 보험이겠다.

142

밤거리이곳저곳 이방인들뿐
이국이따로없다 어디를봐도
지나다듣는말도 새소리같고
얼핏보면나같다 색깔만달라

 재떨이

여기 임당은 한강 이남에서 가장 밀집한 원룸 촌이라 한다. 건물이 다닥다닥 붙었다. 편의점 풍경이다. 밤 되면 거리가 꽤 밝다. 편의점 앞은 간이 테이블과 간이의자가 있다. 가끔 이 거리를 지나가면 외국인뿐이다. 길거리 벤치에 죽 앉아 얘기 나누는 모습을 보면 뭐가 무슨 말인지 전혀 모른다. 우리나라 사람은 어데 갔는지 보이지 않고 외국인들 말만 들린다. 여기가 외국인지 우리나라인지 가끔 헷갈릴 때도 있다.

내 쓰는 시도 뭐가 뭔지 모를 때가 있다. 굿 보다 떡이다.

143

매일매일보아도 까막눈이다
자수가몇수인가 읽고쓰고도
자고일어나면또 새롭기만해
매일매일보아도 까막눈이다

재떨이

어느 시인께서도 말씀하셨듯이 우리는 하루살이다. 하루 다 살고 곤히 잠든다. 꿀 같은 잠 속은 모든 걸 잊게 한다. 하루를 어떻게 살았던 다 지고 간다.

그러나 아침을 맞으면 늘 새롭다. 하루를 어떻게 살아야 할지 답 얻기가 어려울 때가 더 많다. 그러므로 깨인 세상을 보기 위해서는 먼저 읽어야 한다. 신문을 보거나 책을 읽든 삶을 바르게 보는 힘, 관조하는 능력이 먼저 있어야겠다.

공자께서 말씀하셨다. 민즉유공(敏則有功) 즉, 민첩하면 업적이 쌓인다. 머뭇거림 없이 순발력을 키우겠다면 까막눈을 올려보고 까막눈을 올곧게 내려다보는 것도 괜찮겠다.

144

비오는날창가에 앉은생각은
물방울한알한알 흘러갑니다
아무런뜻도없이 티클도없이
그냥흐른것같아 젖어있어요

비오는날창가에 앉아있으면
바람은산들산들 불어갑니다
다만새소리같고 발굽같아서
그냥모른체하고 듣고맙니다

 재떨이

힘을 빼자. 억지로 해서 되는 게 어디 있을까! 흐름을 즐겨야 한다. 미하칙센터 미하이의 몰입을 읽은 적 있다. 책의 원제목은 'Flow'다. 이 단어의 원뜻은 '흐름'이다. 몰입은 힘을 잔뜩 넣고 집중하는 것이 아니라 물 흐르듯 자연스럽게 흐름을 타는 것이다. 말하자면 자유스러움과 통제됨이 결합한 상태다.

이게 말처럼 쉽지가 않다. 넓은 시야와 가까운 미래의 전개에 대한 편안한 예측 능력이 없으면 힘들다. 그렇게 되려면 대개 오랜 기간 고통스러운 기초 확립 과정을 거쳐야 한다. 전문가의 특징은 다양하지만 가장 상징적인 모습은 '힘이 빠져 있는 것'이다.

커피 일 수년을 했다. 어쩌면 자포자기한 듯 그런 느낌처럼 있을 때도 있다. 하지만 매주 토요일 커피 문화 강좌만큼은 꼭 했다. 이 강좌는 하면 할

수록 재밌다. 무슨 큰 부담을 갖고 한 적은 단 한 번도 없었다. 거저 가진 직업에 대한 본연의 의무였다.

보험도 마찬가지겠다. 나이가 들수록 고립되어가는 어떤 고독감이 있었다면 젊은 사람과 또는 주위 여러 사람과의 교제가 앞서야 한다. 억지로 무슨 계약을 하겠다고 다가간다면 일이 성사되기는 어렵겠다. 한 달 가동한다는 마음으로 낯선 사람과 커피 한 잔 즐기는 것도 괜찮겠다.

145

속세에무엇하나 잘한게있나
살아서지은죄를 어찌갚을까
남은생도뚜렷한 안개같아서
그렇다고천당을 어찌바랄까

보라깔린바늘숲 어찌다걷나
나는새그림자만 저리짙어서
만나천나텃밭에 짖은가지에
까마귀알봐없는 흰새만날아

 재떨이

조선 최고의 발명가 장영실은 물시계인 자격루를 만들었다. 당시 사람들은 그를 두고 '과학을 위해 태어난 인물'이라고 했다. 뒤에 마차를 만들어 세종께 받치기도 했다. 세종은 그가 만든 마차를 타고 경기도 이천으로 온천욕을 갔는데 중간에 바퀴가 빠져 사고가 났다. 장영실은 의금부에 투옥되고, 불경죄로 파직당했다.

역사상 가장 유명한 극작가는 셰익스피어다. 세상에서 가장 유명한 소설은 '돈키호테'다. 1605년 세르반테스에 의해 탄생한 돈키호테, 괴물이나 기사, 왕국과 같은 은유에 독창적 발상이 더해진 이 모험담은 엉뚱함과 아이러니, 과장과 유머의 상징으로 수백 년간 전해져 내려온다.

시를 쓰는 행위는 장영실의 마차처럼 마음을 옮기는 것과 같지만 무언가 하나 빠진 듯해서 늘 위태롭기까지 하다. 거기다가 세르반테스의 돈키호

테처럼 마음의 언덕에 있는 풍차와 그 풍차를 괴물로 여기고 돌진하는 꼴이다. 이런 가운데 시를 쓰는 시인은 하루도 손 놓지 못하고 끼적대는 것은 자기 위안이 앞서고 풀지 못한 정의와 품지 못한 사랑 그리고 지키고 싶은 품위 같은 것을 표현한다.

하얀 텃밭이다. 온통 흰 새만 난다. 까마귀 알 봐 없지만, 까마귀 똥 헤치듯 써놓았다. 까마귀 열두 소리 하나도 들을 게 없다. 하지만 열댓 냥이면 물에 깔긴다.

146

명절이라거리는 쓰레기장터
전주마다수북한 입벌린봉지
빠져나온국물과 들끓는파리
누구나픽픽던져 이룬산하나

우리도이방인도 던진저봉지
한산한이거리는 흐뭇합니다
그래도사는맛은 있었다드려
가는곳또지는곳 만든산하나

 재떨이

명절만 그런 것도 아니다. 평상시에도 전주 밑은 쓰레기로 장식한다. 어두운 밤이면 고양이들이 오늘은 뭐라도 있나 싶어 헤적인다. 인간이 버린 온갖 쓰레기 어떤 것은 옆구리가 터져 줄줄 흐르는 국물과 이물질로 길거리가 볼썽사납기까지 한다. 그렇다고 쓰레기를 안 버릴 순 없다. 생활 쓰레기를 쓰레기봉투에 담아 저녁이면 내놓는다. 아침 환경미화원께서 수거한다.

우리의 마음도 꼭 명절 때만 움직이는 것도 아니다. 하루를 보내고 일을 하고 주위 사람과 엮고, 엮어 나가면 마음의 찌꺼기가 왜 생기지 않을까! 즐거움도 있을 것이고 괴로움도 있을 것이다. 어떤 일은 고통에 가까운 그런 쓰레기도 있다. 하나하나씩 차곡차곡 쌓아서 쓰레기봉투처럼 담아 보자. 에휴 벌써 또 쓰레기 한 권이다. 그 어떤 쓰레기도 길거리에 픽 던져 버린 것보다 그래도 종량제 쓰레기봉투에 꾹꾹 담아서 버려둔 게 마음은 더 예쁘다.

147

가만히앉아보는 오가는손님
그대뿜는향기에 웃음꽃피지
돗자리반지처럼 만난그대와
세상사훌훌벗고 얘기꽃피지

그대가장미처럼 피어있다면
담보다더튼튼한 붉은꽃피지
맑은가을하늘에 양떼구름아
모는바람손짓에 달려나오지

 재떨이

한때 신종 코로나로 정치권의 말 한마디가 논란이 된 적 있다. '손님 없어 편하겠다.' 솔직히 업주는 속이 탄다. 하지만, 당시 논란이 됐던 이 말도 업주께 한 것은 아니었다. 관련 직원에게 한 말로 손님이 적더라도 결코 직원의 마음은 편한 게 편한 것이 아님을 인사차 했던 말이었다.

일이 너무 많아도 피곤하지만, 일이 너무 없어 쉬는 것보다는 그래도 낫다. 손님이 없는 카페에 혼자 앉아 있어 보라! 감옥도 이와 같지는 않을 것이다. 독방에 갇힌 마음으로 저 철창 밑에 곱게 핀 장미만 볼뿐이다. 돗자리 곱게 피고 손에 낀 꽃반지처럼 푸른 하늘을 보는 것은 가게에 내놓은 모든 의자에 손님 가득한 웃음꽃 필 때다.

148

못둑에우뚝자란 삼백년수령
못물바라보며축 널어뜰인잎
한시름놓지않은 한자필체라
휘영청갈겼다가 뭉개었다가

다시또바로잡아 자세갖추니
삼백년세월보며 심지만굵다
저곧고굳은절개 찾아보는이
온종일오가는이 셀수가없어

그저묵묵히보는 삼백년수령
반백년도이르지 못한이름을
어디내세울까만 호젓이젖는
반곡지한마름에 길손참엶다

 재떨이

처가가 반곡지가 있는 마을에 있다. 처가에 자주 가기도 해서 반곡지는 자주 보게 된다. 봄이면 복사꽃으로 경치가 참 아름답다. 못 둑엔 수령이 약 300년쯤으로 보이는 왕버들 나무가 있어 여름엔 시원한 그늘을 조성하기도 하는데 마실 어른들이 때로는 나와 쉬기도 하는 곳이다. 요즘은 드라마에도 간혹 나오기도 해서 전국 명소가 되었다.

이곳 반곡지에 꿋꿋하게 서 있는 나무, 삼백 년쯤 산 왕버들 나무의 일필

휘지로 쓰는 물결은 가히 볼만해서 사람들 발길이 셀 수 없을 정도다. 반백 년도 못 산 이는 졸필만 썼다. 내 앓는 소리만 하다가 끝내 참지 못하고 또 지른다. 한 삼백 년쯤 견디면 좀 나아지려나! 시원한 왕버들 나무를 보면서 호젓이 젖고 만다.

149

한평생사는것이 좋은일있나
그렇다고죽어라 나쁜일이랴
이래저래살다가 가는게인생
바람결흔드느니 그래서민초

별일도아닌것에 웃어볼까요
이미지나간일에 울어볼까요
가을녘해질무렵 노을만짙어
풀잎에풀벌레도 울다갑니다

재떨이

초콜릿은 코코아로 만든다. 코코아의 학명은 '신의 음식'이라는 뜻이 있다. 초콜릿 만드는 과정은 청국장과 꽤 유사하다고 한다. 열대지방 코코아 나무에서 콩을 채집하고 5~6일간 발효시킨 후 햇볕에 잘 건조하는 일이 시작이다. 초콜릿은 유럽 고급 살롱에서 상류층들이 즐겨 먹던 기호식품으로 이것이 미국 자본가의 손에 의해 대중화가 된 식품이 되었다.

코코아가 신의 음식이라면 언어로 짜 깁은 이것은 신의 소리인가? 여기서는 신神이 아니라 신信이겠다. 청국장 하니까 백석이 떠오른다. 백석의 그 구수한 말은 그가 떠난 후에도 우리는 읽을 수 있다. 한 번도 그의 실물은 본 적 없지만, 그의 언어는 지금도 살아 있다. 조그마한 카페라고 하기에도 그렇고 그렇다고 무슨 큰 카페를 하는 것도 아닌 조감도에서 한 사람씩 찾아드는 손님께 이 책 한 권을 드리고 싶어 쓰기 시작한 글쓰기였다.

신의 음식 같은 신의 소리로 다가가고 싶다.

COFFEE BEANS

제 4 장

작소진일록

鵲巢進日錄

밥 먹고 가

밥 먹어

식탁에 의자를 당겨줘 배고프지

보면 더 배고플 거야 자리에 앉아 오랫동안 식탁을 보면 차린 건 없어도 깊은 우물 볼 때가 많아

식탁엔 우울한 혼례처럼 흰 이를 반짝이고 즐거운 이혼처럼 수저를 들어줘

찌개가 팔팔 끓거든 호호 불면서 맛있게 먹어줘

구수한 된장이면 그 냄새로 낭비하고 싶고 푸른 시금치나물이면 그 뿌리까지 꼭꼭 씹어줘

숟가락을 들면 숟가락이 없어지고

젓가락을 들면 젓가락이 없어지는

점점 먹을수록 수북이 담는 밥그릇

점점 먹을수록 죽고 싶다는 것

식탁은 어느새 달랑 접시 하나

그 접시 위에 잘린 목을 놓고

먹고 가

찌개

찌개가 끓는다.

찌개를 끓이는 사람은 찌개가 모른다.

우리가 흔히 보는 식당 아주머니도 끓는 찌개가 뜨겁다는 것을 잘 안다.

뚜껑이 들썩거리고 여는 그 시간까지

김이 오르고 그 김이 사라질 때까지

온갖 잡동사니와 적당히 부은 간장

날아간 손톱까지

추운 겨울 목숨 건 공사판 아저씨도 호호 불며 그 뜨거운 찌개를 한 숟가락 뜬다.

찌개를 끓이는 사람은 찌개가 모른다.

별을 보면서

너무 많은 별을 일깨웠습니다 잠자는 거인을 깨워 숲에 세웠기 때문이죠 그들의 이름과 그들의 빛은 나무처럼 목적지가 분명합니다 오후면 별빛은 내리쬐는 밤하늘에 있습니다 어느 날아가는 새가 그 별빛을 물어다가 둥지를 만들지 않을까요? 나는 별의 아픔을 너무 쉽게 고발한 것 같아 눈은 쉬이 흐립니다 하지만 아픔은 날개처럼 바람을 맞으며 더 곱고 선명하게 빛날 겁니다 별 하나에 해바라기처럼 까만 얼굴이 빛나고 별 하나에 반듯한 나체로 음모를 보이며 별 하나에 새벽이슬처럼 빳빳한 풀이 선다면 별 하나에 공습의 시간이 지나 남태평양의 평화가 온다면 바다는 강은 육지는 절대 외롭지 않을 겁니다 하얀 그릇에 정화수 한 사발 담아서 밤하늘에 올립니다 단지 온 가족은 서로의 빛으로 밝아 밤하늘이 어둡지 않기를 바랍니다 별은, 별을 이해하고 나무를 이해하고 새가 별이 되는 꿈을 이해하면 말입니다 온 세상 하얗게 눈이 내리면 목마른 갈증에 별처럼 세상 바라볼 수 있게 말입니다

지갑 안에는

어떤 이는 오소리로 잘못 읽을 나의 이름은 닥스, 무엇을 담기에 경험 없기로는 마찬가지, 나의 몸을 열고 들어앉으신 퇴계와 율곡 선생 여전히 학문에 열중입니다 다만 새로운 서책이 나왔다 하면 여지없이 맨발로 나가 버립니다 나머지 방 하나에 꿰차고 앉으신 세종대왕은 사실 들어오기가 훈민정음 반포 문보다 더 어렵지요 거래에 매달린 대왕을 생각하면 개수대에 수북이 담가놓은 미처 다 닦지 못한 접시만 생각합니다 어쩌다가 영영 돌아오지 않을 먼 행차면 풍기는 감촉과 향수는 있었으면 합니다 그때 대왕의 자태는 금융기관 대부 계 어느 신사보다 의젓하며 묵직하게 그러나 분산된 망국의 고종은 아니었으면 합니다 아직도, 종이비행기 타고 계시는 신사임당은 덤덤한 세상의 어머니가 되는 게 꿈입니다 이 밤 이슥토록 보고 계시니 포도에 산수 하나는 있겠지요 분명 동이 트면 손은 뜨거울 겁니다 그러나 수심이 이리 얇아서 자루 채 걷기는 어렵지만 굶지나 않았으면 합니다

토스트

토스트 한입 물고 토드를 본다 토드는 우주 한복판에 있다 둥둥 떠 있다 여기는 항상 밤 오로지 수천수만 킬로미터나 떨어져 있는 지구만 본다 우주의 구름만 뒤덮인 이곳 저 푸른 별 하나가 안 열리는 문을 열려고 사색의 에펠탑을 뽑아서 깃대로 흔들고 있다 문어발로 유영하는 공원을 봐라 폐쇄 공포증에 고소 공포증까지 닫아건 이 좁고 높은 공간에서 밤새 구름을 헤치고 첨탑의 눈빛만 바라보고 간다 오로지 바늘처럼 수직 하강하는 토드, 폐기된 연소는 폐기된 연소로 덮고 오직 불 뿜는 엔진에서 물거품으로 녹는 토드, 항속을 잊은 검은 피의 항로에서 낙법도 모르는 이 저능아를 끝끝내 유폐한 저 철 덩어리 안에서 안 열리는 문을 열려고 헬멧도 지우지 않고 머리통 채 뽑고 있다 혜성처럼 코피를 쏟고 급격히 하강하는 토드 땅 밑의 창공을 그리며 등뼈를 곧추 세워서 뇌리 깐 문을 열려고 안 열리는 문을 열려고

영영

나는 너무 멀리 왔다 네가 바라는 곳에서 멈춰 있었기 때문이다 순종하는 개처럼 앉아 있었으므로, 하얀 잔에 이해할 수 없는 커피만 마시고 있었다 네가 머물다가 간 자리에 흘린 빵조각을 닦으면서 평온하고 광활한 지평선만 그렸다 아무것도 없지만 햇살에 타오르는 눈들을 밟고 따뜻한 얼음이 되고 싶었다 창틀에 낀 먼지를 닦으면서 너는 모르는 말을 뱉고 그렇게 다리를 떨면서 언젠가는 작대기로 땅 짚고 지게를 벗을 수 있을 거라며 하얀 눈밭에 앉아 있었다 들꿩이 날아가고 산비둘기가 날아오르는 이 산길에 시원히 날아가는 저 뒤태를 보면서 따뜻한 햇볕을 쬐고 있었다 입가에 흐르는 침도 잊으면서 아무도 내 얼굴을 보지 않을 이곳에서 오로지 한 사람을 죽이겠다고 내 손목을 다부지게 끊고 있었다 영영 돌아올 수 없는, 영영 돌아오지 않겠다고,

영영

동안

거울에는 아주 오래 묵은 것들이 있다 둥근 원판만큼 태양을 받아들이고 그 빛을 내보였던 거울, 바깥을 거닐 때면 동굴은 환했다 굳은 계급의 상징 더는 부러질 수 없는 완장이었다 우리의 생명선으로 잇는 미세한 선율의 거울, 수천 년 수 세대를 뚫고 내 앞에 서 있었다 북방에서 내려온 이 언어의 슴베는 곧장 날았으니까 태양은 뿔뿔이 흩어졌다 까마귀가 하늘을 날고 소도의 솟대가 구름에 가렸다 젖은 초혜草鞋를 신고 단숨에 걸었다 족장은 마지막 새 하나를 끝내 잡으려고 청동방울을 흔들기까지 했으니까, 그러나 손은 더 굳기 시작했다 순간 발목이 날아갔다 금빛 같은 햇살은 반달 돌칼로 마저 남은 귀갑구의 한 자락까지 지워버렸다 말 잔등 위에 얹은 동복銅鍑에는 그간 공중 고개로 부산히 휘둘렀던 피 묻은 돌칼과 슴베로 가득했다 연민은 설원으로 달려가고 흰 개는 썰매를 끌어야 했다 매번 침묵을 닦아야 했던 이 억겁의 삶이 족장의 거울로 승화하였다 어디서 소라 고동이 울리고 고인돌 하나가 저 너른 들판에 올곧게 서 있었다 기다림의 그 끝은 새처럼 하늘 날았다

문 형을 생각하면서

흐릿한 담배 연기를 날리며 걷고 있었다 허공엔 입김이 날아오르고 호주머니에 손을 찌르며 걸었다

출출한 한 끼 밥과 한 잔 술을 마시면서도 아버지의 부고에 그 아픔을 함께 했던 하루가 다만 잊히지 않는다고,

장례의 예를 갖추고 먼 곳에서 돌아온 형은 초췌했다

피곤이 엄습하여 꽤 잠을 잤다 누가 방문을 열 때까지

밤에는 술에 취한 사람들, 혼자 걷기 어려운 사람들을 위해 부축하며 집에 까지 데려다주었다

사람들은 비틀비틀 걷기만 했다

모두 입술이 빗뚫었으며 어눌한 말에 무엇이 무엇인지 분간이 가지 않았다

그런 사람들, 하나둘씩 집에까지 태워주었다

키 큰 가로수가 지나가고 밤하늘은 별만 불쑥 밝았다

어두운 복도를 걸으며 입 꾹 다문 문을 열며 하루의 여장을 풀었을 때 지친 눈만 길었다

동이 틀 것 같은 시간, 여명의 눈빛이 보이기 시작했다

밤안개가 잊었던 이불을 밀치며 깨어난 아픔을 보듬기까지 태양은 온전하게 뜰 거라며 따뜻한 손을 잡았다

오늘은 동지, 굵고 실한 새알을 입에 넣고 한 해를 곱씹을 것이다

그릇이 깨끗이 비워질 때까지 국물은 후루루 마실 거라고

숟가락에 담아 올린 밝은 달을 보며 술 취한 도넛은 더는 잡지 않겠다고 굴곡진 세계를 펴며 틈틈 바닥에 길을 뚫고 있었다

분화구처럼 선명한 달은

초원

돌 볼끈 쥔 주먹이 저 번득이는 맹수의 이빨을 보았을 때
벌겋게 흐르는 초원의 피는 흰 갈대밭을 적시고 있었다

이빨을 본다는 것은 깊은 동굴에 밧줄을 내리고
휘어진 손과 악수한다는 것
갈대밭 사이 숨어 숨만 졸이고 있었다

밑줄 위에 노을이 간당 거렸을 때 초원은
바람에 흐느적거렸다
뼈마디가 부러진 돌 볼끈 쥔 주먹
다 빼먹고 남은 흰 골수의 잔해가
바위에 널어져 있었을 때

왜 주먹 없인 이빨이 젖지 않는가
맹수의 이빨은 찢어져도 다시 피어나는 건가

낭자한 피의 맛에 초원은 끝도 없이 바람에 나부끼고 있는가

청양고추

자주 드나드는 골목길에는 낙엽이 없다 이 거리를 걸을 땐 007 제임스 본드의 작전을 방불케 했다 네가 한 결정에 추호도 잘못되었다고 생각지는 않아, 다만 도로가 축축하게 젖었을 뿐이야 노란 햇병아리는 초저녁을 향하고 넓은 공영주차장의 계단에는 죽은 고양이뿐이었다 입안에는 박하사탕을 오랫동안 빨고 있었다 다시 계단을 오르며 도로 바닥을 훑기 시작했다 흰 곰돌이가 밀어를 손에 꽉 쥐고 있던 그날, 불 꺼진 가로등은 드라이브와 멍키스패너의 그림자만 띄웠다 하! 이건 완전 벙어리 삼룡이잖아 튼다, 죄다, 비틀고, 뽑고, 지우고, 정말 지우고, 그 밀어를 한쪽 모서리에다가 걸쳐놓고 그 만리장성을 들었다 놓았다 하다가 후려쳤다 땅바닥이 덜컹거렸다 순간 속눈썹은 파릇하게 떨었다 그러나 내부는 용각산이었다 잠시 뜸 들이다가 길쭉한 드라이브 들고 한쪽 성곽을 찔러 그 성을 들고 땅바닥을 후려 쳤을 때

딱,
빽,

틈새, 새 나오는 장미의 향
포대기에 너부러지게 핀 청양고추

등대와 접시

등대를 붙잡고 있었다

이상한 나라의 엘리스처럼 커졌다가 작아졌다가 하는 동공,

파도가 흐르는 부득이한 돛단배 위에서 등대를 마시면 쓴 맛이 났다

내가 등대를 처음 본 것은 어느 초등학교 철봉대였다 타이어가 박혀있는 모래밭이 있었으니까 끼룩끼룩 기러기가 날아와 이곳저곳 앉았다

등대가 빙글빙글 돌아갈 때 아내는 병원에 갔다 링거 맞으며 연속극을 보고 있었다 미스터 션사인이었다

병원에 나섰을 때 포장마차에 갔다 뜨거운 불판 위에 해물을 얹고 볶는 아주머니가 있었다 가위와 집게를 교묘하게 사용했다

등대는 언제 무너질지 모르는 귀퉁이, 메두사의 날카로운 눈빛만큼 우린 접시가 되었다

물동이

물동이를 보았다 날씨 꽤 맑은 날은 언제나 나무를 심었다 작은 연못에서 물 길어다 준 그 물동이 하나가 나무를 숨겼다 그게 혼자 서서 하늘 바라보던 때였다

깃털은 날씨가 흐려서 그 물동이를 잡지 못했다 리어카에 대롱대롱 매달리다가 어느 산간지역에 툭 떨어졌다가 때 아닌 빗물에 떠내려 오기도 했다 그때 구름이 조금 흘렀다

구름이 몰려드는 숲에는 언제나 물동이는 바빴다 이곳저곳 눈물을 받아 비우곤 했다 나무가 제대로 자라 싹이 트고 잎이 나서 태양이 뜨는 그 순간,

작은 연못에서 그리 멀지 않은 이 곳, 툭 내던진 물동이 하나가 잎사귀 다 떨어낸 벚나무를 바라본다 오늘은 날씨가 맑아 까치가 종종걸음으로 오더니 고양이 밥 한 알씩 물고 가는

물동이는 꽤 가볍겠다

깡통

누가 내 머리에 위에 누운 핀을 뽑는다 딱~ 빨대를 꽂고 당긴다 순식간에 빨려드는 이 느낌 쑤욱 타고 오르는 밀폐와 비집고 조인 암흑의 우울을 그리고 얇은 허무를 당기며 있었다 삶과 죽음이 동시에 출렁거렸다 저주보다 축복이 감옥보다 자유가 그리웠던 건가 해갈하는 저 몸뚱어리를 보고 죽음은 천사의 몸짓이라고 소문은 말없이 다 내주고 있었다 끝끝내 밑을 기울여 말끔히 들여다보고 다시 꽂아 넣는 저 필사 이에 항거의 저림은 상실이었다 저 까만 빨대는 다시 내 몸을 휘휘 저으며 끄윽끄윽 거리다가 마저 한 모금 더 당길 때 이 망상의 소용돌이는 점점 낮아지고 배짱과 사슬 그리고 틈만 숙이는 고개를 참호에서 끄집어낼 때 언제는 살려달라고 외치고 싶었던 말이 결국, 눈밭에 가시처럼 늙어 있었으니 장인은 그 빨대를 버리고 내 몸뚱어리마저 휙 거리에다가 던질 것이다 어느덧 볼 품 없는 몸뚱어리 하나가 거리에 나뒹굴고 있었다 잠시 후, 누가 또 내 몸을 찼다 깡통은 모서리마다 구겨지며 소리까지 요란했다 떠엉 떠더덩 떵 똥

편의점에서

편의점에 갔다 물 한 병과 삼각김밥을 샀다 사람들은 모두 마스크를 쓰고 있었다 북방에서 온 사람도 있었고 남쪽 따뜻한 나라에서 온 사람도 있었다 한 사람은 등을 보이며 복권을 긁고 있었다 한 사람은 면도기와 과자 몇 봉지 골라 담고는 나를 힐끔 쳐다봤다 나도 모르게 고개가 돌아가고 말았다 삼각김밥을 데우는데 20초, 다 됐습니다 손님 나는 그 삼각김밥 들고 문을 밀고 나왔다 문 앞에는 꽁초가 널브러져 있었고 자동차가 줄지어 서 있었다 거리는 아무도 없고 까만 빈 봉지 하나가 도롯가에서 펄럭이고 있었다 백 마흔 두 번째에서 백 마흔 세 번째를 위한 그 삼각김밥을 먹는 시간은 3분 채 걸리지 않았다 마스크 쓴 사람은 내 뒤로 하나둘씩 그 편의점에서 나오기 시작했다 새로운 사람이 들어가고 있었다

이 시리다

긴 바늘이 짧은바늘 위에서 맴돌고 있었다 하얗게 언 서리가 꼬닥꼬닥 눈꽃으로 피워 섰다 찬물에 흰 밥을 말아 한 술 뜨면서 no women no cry 밥 말리가 지나가고 있었다 계단을 내려가는 일도 퉁퉁 부은 발도 무릎이 엉겨서 붙지 않은 나비 떼, 여전히 장자는 아직 나비를 붙잡은 채 봉인된 밥솥에 앉아 있으니, 아주 먼 곳으로 가야 하는 바퀴만 여전히 헛돌고 있고 따뜻한 방을 그리며 기척 없는 주걱은 허공만 저었으니까 나비가 밥이 되고 밥이 나비가 될 때 지붕은 더욱 가볍겠지 증기기관차가 달빛을 그리며 산 밑에 와 잠기는데 찬물에 풀었던 흰 밥알이 꼬닥꼬닥 풀리기 시작했다

참 단단하다 못해 이가 시리다

구름

겨울은 긴 눈썹처럼 차양을 쳐 놓았다

깊은 눈동자의 건물보다 쫒기는 얼굴로 이미 우그러진 달빛을 담아 마시고 있었다 바깥은 불이 꺼졌고 우리는 불판을 바라보며 불판 속으로 들어갈 수 없는 이유를 기울이고 있었다 저 뜨거움에 익어버리는 삼겹살을 뒤적거리다가 온 몸에 수많은 이름이 초식으로 들어가 앉는 밤, 비틀거리는 유리잔은 따뜻한 불판을 보며 왜 불판이 되지 못하고 흰 담배를 연방 피웠던 것일까 다 핀 담배꽁초를 결국 바닥에 뭉개면서 얼룩은 다만 옷에만 배였던 것이 아니라는 것을 노릇하게 익었던 삼겹살 한 점 씹고서야 눈이 뜨였다 바닥은 침이 튀어 오르고 구두로 문대다가 찢어지는 구름과 사라지는 영혼, 그 영혼들, 이미 지운 그 수족에 나는 슬펐다. 바싹 마른 목구멍에 소주성의 영토에 이미 와 있었으니까 지렁이가 스멀스멀 피어나는 자정쯤에 우린 다시 만나었으니까 담뱃재가 천천히 날리며 가라앉은 곳

천 길 낭떠러지에 몸을 벗고 구름이 피는 이 건조한 바닥을

뽑혀 나간 실효 하나가 굳은 입을 다 덮었으니까

鵲巢言 소주성: 소득주도성장론의 줄임말

냄비

냄비는 연못이 되어 가고 있었다

핏물을 빼기 위해 담가놓은 갈비가 물고기가 되어갈 때 냄비는 퉁퉁 불었다

원양어선이 흰 연기를 내뿜으며 지나가고 있었다

발목 없는 선원 하나가 절뚝거리며 그 높은 선각에서 하역장으로 뛰어내리는 것을 보았다

어둠이 내리고 물이 졸았을 때 핏물 다 빠진 발목을 본다

몇몇 가족은 굶주렸고 목이 말랐다

파도가 일지 않았다

수평선 너머 배가 천천히 다가왔다

냄비는 담쟁이덩굴로 엉겨 있었다

악수

까만 체육복과 가벼운 면 잠바는 뛰어야 할 운동장에서는 필수, 청색 깃발 나부끼며 백기를 누린 땅바닥에다가 꽂기에 딱 어울리는 옷차림,

까만 운동화를 신고 하얀 모자를 쓰고 뛰어야 할 우리는 까만 숲 속에서 향 짙은 소나무만 좋아한다는 것, 바람이 불면 유독 많이 긁는 등이지

단단한 쇠사슬 향해 조금씩 걸어가면 무릎은 부드럽고 근육은 반들거리다가 하늘만 바라보지, 우리는 좀 더 걸어야 돼 태양은 여전히 구름에 가려 우리가 가야 할 고향은 아직 멀었지

불모지에서 줄곧 뛰어야 할 까만 운동화를 신은 하얀 모자는 까만 체육복과 가벼운 면 잠바는 필수, 까만 체육복과 가벼운 면 잠바는 까만 운동화를 신은 하얀 모자에게 물었지, 선부지설蟬不知雪이라고 아니? 몰라요. 매미는 하얀 눈을 모른단다 매미가 하얀 눈을 알 필요가 있었을까요?

쾌활한 표정, 평상복 차림으로 돌아갈 때 악수는 먼 나라의 얘기,

포구

참꽃이 활짝 핀 포구에는 높은 산이 있습니다 흰 수염고래의 보금자리였지요 그 산의 둔부를 치켜들고 아래 입술을 오랫동안 보다가 위 입술을 지그시 깨물었습니다 바람에 흔드는 강아지풀들은 자꾸 가을을 수포로 몰아갑니다 이해할 수 없는 길이라 희멀건 발바닥만 핥은 셈이죠 어느 날 돛대 밑에서 졸다가 깨쳤던 저 햇살에 기러기가 떠나는 것을 본 적 있습니다 알고 보면 이 바다를 끌고 들어오는 백치가 묘지였습니다 바다에 표류한 외딴섬들마다 바닥의 과거가 밀어내는 바람 소리에 골판지에서 머리카락 하나 주워갑니다 죽은 쥐들은 시체가 아닌 생선의 지느러미로 던져버리고 이해하지 못한 폐가 거부만 했던 건 자꾸 밀실을 들여다보는 느낌 때문이었지요 돛이 멀어 찢을 수 없는 이유는 치자 꽃이 그 바람을 못 이겨냈을 뿐이고요 다만 쪽배는 바깥에서 비행하는 기러기의 기척만 들었습니다 풍랑에 포구는 아직 멀었지요 그럴수록 바다의 개 껍데기가 자꾸 너덜너덜해져 갑니다 순간 허공의 식판을 들고 긴 항해에서 둔부를 후려칠 때에 그 단단한 갑옷을 꿰매는 햇살이 카페 문을 당깁니다 고요한 물결 위에 음표가 거꾸로 떨어졌지요 눈알의 점액이 일순 초록빛 서랍의 부레로 뜨기 시작한 것이죠 절벽의 유령만이 폐기된 어둠을 안는 순간입니다 푸른 바다가 욕조에 참 오랫동안 있었습니다

백곰

둥둥 떠 있는 빙산에 백곰을 본 적 있다 백곰은 실수로 물에 들어가지 않는다 물은 저녁을 끼고도는 안개 같아서 백곰은 단 한 번으로 바다표범을 잡지 않는다

사실, 크릴새우를 잡으며 유영하는 바다표범이 있다고 쳐도 백곰은 오로지 잠만 잔다

눈보라가 치고 눈이 펄펄 내리다가
백곰만 보다가
잠만 자는

북극은 언제나 따뜻해서 하루가 있고 한 달이 있으며 계절이 지나간다 북극은 따뜻한 기류로 흐르는 빙산에 말똥 같은 눈물만 흘렸다

바가지

문득 눈을 뜨자 연말이 왔다 올해가 몇 장 남지 않았다 아직도 이해 못하는 커피만 마셨다 세월만 길었다 그러나 세월은 커피 한 잔처럼 지나갔다 사실, 아무것도 없는 밑바닥이었다 점점 고립되었고 점점 자폐가 되었다 늘 지나는 골목을 들어가며 늘 그 골목을 빠져나왔다 목표지는 분홍 꽃잎이었고 도착지는 어두운 발판이었다 가속기와 제동을 번갈아 밟으면서 바깥은 늘 새로운 풍경이었으니까 다만, 간병인처럼 옆 좌석을 끼고 앉아 옆 좌석만 바라보았다 하지만 노인은 아직 일렀다 핸들은 잡을 수 있었지만 도넛은 줄 수 없었다 그렇게 뺑뺑 돌면서 바가지만 엎어 놓았으니까 그러면서도 신호등이면 따듯한 손을 잡았고 눈만 마주쳤으니까 꽃잎은 그렇게 무너져갔다 이제 마지막 하루를 본다 그 하루도 빠져나오고 싶었다 훨훨 새처럼 날아 구름을 몰고 싶었다 하지만, 연말은 어둠이었다 내가 속한 어둠은 없었다 대낮처럼 너를 밝혔으니까 오늘은 바람이 불고 많이 불어서 얼굴까지 얼얼했다 목이 어는 것 같았다

호상

문을 나섰다 검은 아스팔트를 밟고 걸었다 캄캄했다 마트 지나갔다 마트 사장님은 바깥에 나와 담배를 피웠다 막창집도 지나갔다 갓등 홀로 서까래에 덩그러니 매달려 거리를 밝혔다 근래 개업한 중국집을 지나, 옥돌이 가득한 입 꾹 다문 콘크리트에 닿았다 문 열었다 추억 속에 그 사람도 그랬다 그 사람은 지나갔다 말 못 하는 이 가슴을 헤아려줘요 그렇지만, 나는 나를 맛볼 수 없었다 나 그대 믿고 따라가리, 이런 건 정말 싫었다 모두 미쳤나 봐 그런가 봐, 우이~ 우이요, 우이~ 우이요, 날 내버려 둬, 마음 아팠다 나빠, 그녀는 나빠, 아빠 이제 나를 가져봐, 아파했으니까! 너도 알고 있잖아! 모두 지워버려, 마지막 순간까지 제로가 될 때까지 꾹 참고 앉아 있자 좋아해서 미안해, 좋아해서 미안해, 나는 그대를 좋아하고 있어요, 거짓말처럼 들렸다 에어컨은 여태껏 틀고 있었다 호상이라고 했다 많은 사람이 다녀갔다

커피 강의

많은 사람들이 몰려와 나를 보았다 거칠게 나를 쏘아보았다 순간 나는 모든 것을 버리기 시작했다 이야기는 그렇게 두 동강 나고 있었다 20여 년의 군은 다리가 벌어지면서 펴지기 시작했으니까 죽여줘 어서, 죽여 달라고 계속 애원하듯 눈빛은 점점 타올랐다 무언의 군홧발들이 순차적으로 지나갈 때마다 나는 벚꽃처럼 내 버려졌다 짧은 그 한순간이 긴 이야기처럼 지나갔다 머리가 날아오르고 절단된 다리가 튀어 오를 때 희열은 무참히 내리 꽂혔으니까 아무런 저항 없이 벽돌은 그렇게 부서져갔다 바깥은 더 많은 군중과 이들의 피 터지는 존립과 내각 그리고 퇴각을 반복하는 세계에서 여기서는 존재와 부음을 두고 전쟁을 치르고 있었으니까 소년 학도병처럼 띄운 별빛과 몇 번의 전쟁을 치르고 돌아와 다시 앉은 부상병까지 외국에서 건너온 그 까만 물 한잔을 내리겠다고 앉아 있었으니까 그리고 나는 잠시 눈을 감았다 영혼은 영원한 것이라고 흰 눈 내리는 저 바깥은 사지가 끊어지고 시체가 썩어 들어가는 지옥이라고 정말 지옥 같은 이 검은 계단만이 잔디밭 위에 누워 태양을 볼 수 있을 거라고 흩어지는 구름을 모으고 있었다

죽음의 깃발

살아 있는 코털은 냄새를 잘 알고 있다 다복한 이웃집 가정에서 피어오르는 소고깃국 냄새는 허기를 불러온다 그 냄새에 못 이겨 소고깃국 국밥집 평상에 앉아 한 그릇 주문한 적 있다 팔팔 끓는 국 한 그릇 놓고 오래된 침묵 하나가 피어오른다 내부는 허기의 뼈가 채울 수 없는 영양에 목숨 걸고 휘젓는 죽음의 깃발, 이 국밥 한 그릇에 한때는 여물을 씹던 입김이 흰 침묵으로 피어올라 코털에 닿는다 푸른 초원을 거닐었거나 폐쇄의 유적이 한 덩어리로 뭉쳤거나 이 모든 열화 속 쑥 빨려 드는 죽음의 냄새, 끝끝내 피어오르는 이 뜨거운 증발에 발을 들여놓고 마는 냄새, 뜨는 한 숟가락에 혓바닥의 수런거림과 천정의 화상과 가늘게 벗긴 이 허연 껍질에도 살갑게 기립한 냄새, 절대 순결의 밥그릇에 곤두박질치는 삶의 한 점,

이 냄새가 코털에서 간당거린다

12월 31일

내일이면 분명 새 책이 배달되어올 것이다 365쪽이나 되는 시집 한 권, 신이 부여한 경전 누구는 벌써 동해에 가 두 손 받들며 받을 것이다 땅과 하늘이 맞닿은 지평선으로 때로는 물과 하늘이 닿는 수평선으로 팔작지붕 아래 온종일 핥는 혀의 몸으로 쉼 없이 서 있을 그 한 장씩 넉넉하지도 부족하지도 않은 공평과 공정한 시간의 그 한 장을 읽을 것이다 저 우윳빛 살결을 무거운 지게에 얹고 들끓는 침묵으로 그림자를 내려놓을 때 그 한 장, 군더더기 없이 달디 단 침을 발라 한 장씩 곱게 넘겨야겠다 그러면 가을엔 이웃집 담 넘어 내다보는 대추나무가 발갛게 주렁주렁 열매를 달 것이다 하얗게 내린 눈밭에 해와 달을 엮어 노란 자전거를 만들고 앞바퀴 뒷바퀴 맞물려 돌아가는 어느 길이든 씽씽 내질러 보고, 구릉도 구덩이도 지나쳐 갈 수 있게 힘찬 그림자도 설 것이다 이리하여 한산한 벌집처럼 말끔히 내어주고 올곧게 섰으면 싶다

성문

마른 잎 한 장 뚝 떨어져요 말발굽 소리가 요란하고 마차가 이내 사라집니다 활엽의 진시황은 침엽의 병마용갱으로 보필하죠 이미 굳은 병사는 눈까지 굳게 해요 두꺼운 갑옷의 무게와 풍모 그리고 사기는 부표처럼 지나갑니다 네 마리의 용마가 대전차를 이끌고 진격하네요 구름을 혁파하고 달려드는 저 무리를 함 보세요 창끝은 새처럼 붉은 태양을 향합니다 순간 기린의 뿔과 마주해요 숲은 벌써 절반은 비웠죠 뿌리 없는 폭염은 어디로 튈지 몰라요 북쪽 노예의 근성은 남쪽 음모와 치모를 이겨낼 수 있을까요 다만 군모를 따를 뿐이에요 세상은 사라진 사람에 대해선 아무도 신경 쓰지 않아요 성문에 앉아 내 죽음을 기다리는 것뿐이지요 단순하고 비참하지만 원칙만 있을 뿐이지요 여기에 한 장의 믿음과 증표는 하늘로 치솟아요 찢은 지느러미가 비문 속으로 흐르는 이 바닥을 보네요

포말

물이 끓을 때 소리를 내는 것처럼

안개 자욱한 산길을 걷는 무릎은 해답을 찾는 긴 부지깽이이었다.

아궁이에 불을 지피는 건 뼈를 더 굳히는 일

나이가 들면 무릎이 먼저 나가듯이 아직도 무릎을 잡고 걷는 것은 뼈가 비었기 때문

혼자서 뜨거운 물에 별을 삶으며 채로 건져 낼 때

뚜껑을 열 수 밖에 없는 그 흰 포말

오늘 모처럼 비가 왔어요

오늘 모처럼 비가 왔어요 대지는 하늘로 하늘은 기류의 상승으로 구름은 뭉칩니다 결국, 일갈 해소하는 비, 빗길에 쭈우욱 달려온 오토바이 한 대가 사라집니다 자음과 모음 사이 화해를 이루지 못한 빗길 사고였어요 순간 가로등이 켜집니다 여기는 방이 많은 동네, 방마다 주문은 많아 조합 문자는 포장하며 곳곳 배달가요 어두운 골목길 검은 아스팔트를 밟으며 씽씽 달려간 철 모자를 쉽게 볼 수 있죠 점점 가로등은 밝아오고요 네온의 불빛은 더욱 반짝이며 동양하루살이를 불러 모으죠 이럴 땐 비 흠뻑 맞으며 거리를 걷고 싶네요 오토바이처럼 씽씽 철 모자를 쓰고 싶죠, 철 모자처럼 문틈만 바라보며 쪼그리고 앉은 저 고양이 좀 보세요 오른쪽에서 왼쪽으로 눈만 빠끔히 돌아갑니다 오토바이 경적이 한 번씩 울릴 때마다요

어둠

어둠은 잘못된 길을 걸었다고 생각지는 않아요

바깥에 찬 공기를 쐬며 흰 담배만 자꾸 피워대고 어딘가 전화를 하고 다시 고개 숙이며 카페에 들어오곤 했지요

자리에 앉자 이내 굴곡진 얼굴을 봅니다

많은 사람이 앉아 있고 그 사람들과 별별 다를 것 없는 얘기에 싫증을 내시는군요 재주 엄마가 정오 아빠와 얘기를 나누는 모습에도 화내지는 않았지요 콘돔처럼 포장되었거나 비아그라의 힘이라고 말할 수는 없는 것이니까 부동산 업자가 전망도 없는 나대지에 땅값을 얘기해요 저쪽 나 많은 어른 몇 분 앉아 있네요 벌써 친구 한 분이 어제 죽은 일로 말씀이 많아요 근데 모두 무덤을 그리는 낯빛으로 웃고 있어요 소주가 싫어 소주 성을 얘기하는 사람도 보여요 애인이 있으면서도 다른 연인께 추파를 던지는 사람도 있고요 내일이 시험이라고 허공마다 치렁치렁 엉키는 거미줄도 있고요

말 못 할 고백을 어둠으로 다진 이곳, 사람들은 어둠으로 이내 앉았다가 사라집니다 어두운 밤길로 다시 돌아갑니다

유리조각

아마 불이 난다면 깨진 유리조각을 제일 먼저 안고 뛰어나올 것이다

그림자가 얼룩을 묻을 수 있다면 잔은 활활 타오른 불의 연기일지도 모른다

구공탄 피워놓고 죽은 친구가 있다

창가에 떠오른 저 붉은 태양이 밤새 피운 연기를 말끔히 지워서

눈이 더 부시는,

반란斑爛의 난반難飯

긴 바(bar) 앞에서 낫 놓고 기역자처럼 서 있었다 마스크 쓴 사람 빛이 없는 사람 어디서 한 번 봤기도 하고 호 아닌가 봐 저 무뚝뚝한 사람 어둠은 절대 낯설지 않아 이들은 주로 밤에 모의했으니까 지배집단을 기어코 전복하기 위한 무장봉기는 달빛 아래서 일어나지 흰 눈발 가르며 용골대 기마병으로 벽지대로 스며들지 팽팽하게 맞선 행주, 엄지 치켜들다가 아래로 꽂혀 미처 내처 읽지 못했다 손님이 오면 두 손을 자르고 주전자를 들어 잠시 봉기한 무기는 갱도에 도열한 무덤에 두고 아카시아 꽃은 어디로 갔을까 쟁반은 잔들로 넘쳐나고 자리 곳곳 가시에 찔렸으니까 가시처럼 돌고 돌다가 가는 길 잃은 빵이었으니까 죽음은 안타깝게 분초를 다툴 일이다만, 늪가만 빵빵 고개 숙인 노을, 노을은 덤블의 외교적 실책이 빚은 혹독한 대가였으니까 그러는 저녁이 칼을 놓으면 칼등은 잊을 수 있을까 도마에 올려놓은 뚜껑은 왜 자꾸 생각나는 걸까

변기

멍하니 앉았다 성좌의 국자처럼

엉덩이 하얗게 까놓고 천정만 바라보았다 연필은 축 널어진 채 허공을 저었고 지갑은 왼쪽에다 더 무게를 잡고 있었다 균형과 불균형을 놓고 옹립한 이 다리를 끊을 순 없었다

부패한 폐허의 덩어리가 통 채 떨어질 때 물의 정보는 튀어 오르고 아무런 생각 없이 마을 안쪽을 뱀처럼 걸으며 굴뚝에서 피어오르는 저 검은 연기를 밀살한 적 있었다

저것은 빗물에 씻겨 나간 고샅,

산발적으로 퍼붓는 풍경의 분화구에도 절대 놓칠 수 없는 약봉지에

비질도 하지 않은 채 눈곱 낀 감나무 잎만 녹아들었다

바글거리는 쓰레기 더미와 무너지는 바벨탑에 완강히 거부하는 저 몸짓은 암흑과 소용돌이에서 더 헤어나지 못한 터널임을

과거를 시원히 버리고 간, 별의 조각들

이지러진 자국을 국자로 담아

한동안 다물지 못한 뒷물만 개처럼 먹었다

가뭄의 가문

나날이 불볕더위였다 겨울이 낯선 것처럼 우리는 뜨거웠다 논바닥이 갈라졌고 밭은 황폐 했다 바닥을 드러낸 하천은 떼죽음한 물고기가 썩어가고 있었다 마른 강바닥 따라 모래사장을 걸으며 버스럭거리는 모래의 울음을 본다 며칠 황사가 끼더니 바람이 불고 비쩍 마른 새 하나가 날아와 앉았다가 간다 봄부터 비는 내리지 않고 폭염만이 도랑과 샘을 쥐어짜고 있었다 점점 죽어가는 수초와 잊어버린 물살 그리고 한때는 장맛비에 흠뻑 적셨을 법도 한 머리카락을 휘날렸을 저 구름, 구름의 실종을 수사 중인 수사관처럼 가족의 뿌리를 주살하고 함락된 직립을 가차 없이 척살한 저 폭염에 우리는 실도랑을 내주고 있었다 목마르다며 샘가에 몰려든 수많은 아이를 본다 이제 정말 나이를 먹었다는 것을 실감한다 물도 없는 우물에 끈도 묶지 않고 두레박만 툭 던졌으니 이 불볕더위에 동이가 덩그러니 나뒹굴고 있으니,

수의

바람을 엮어 하늘 꿰는 메타세쿼이아

뼛골로 오로지 서서 이 추운 겨울바람을 깁고 있다

많은 사람이 오가는 카페 입구

다 짠 수의 한 벌이 펄럭인다

몸 가벼워 손짓한다

꽃이 되지 못하고

건널목 사거리 신호등만 바라보았다 차선이 없는 쪽에서 차선을 바라보았다 흰 꽃을 꺾으며 피아노 밟는 사람들이 보이고 차는 정지해 있었다 순간 차도가 사라진 쪽에서 차도를 바라보았다 이름도 모르는 꽃의 꽃잎이 떨어지고 있었다 나는 무심코 가속기를 밟고 있었다 차창 밖은 웃고 있는 꽃들, 바람의 손은 하도 길어서 멱따듯 모가지를 꺾었다 어느 난데없는 차 한 대가 쏜살같이 지나간다 꽁무니에 뱉은 불꽃을 보았다 나는 또 가속기를 밟았다 내 옆 좌석은 멱딴 꽃잎만 수북이 쌓여만 갔다 시든 꽃잎은 목적 없는 허공이 되었다 나는 힘껏 가속기를 밟고 신호등은 무시하고 앞만 바라보았다 무게 없는 차가 지우개 같은 동태를 돌리며 굉음을 내고 있었다 조금도 나가지 못한 차가 허공에서 맴돌고 있었다 꽃잎만 바퀴에 휘돌고 있었다

덩어리

덩어리 채 엎었어, 덩어리 뒤집으며 구웠어, 연기 모락모락 피웠어, 굴뚝은 피는 연기 죄다 먹지 못했어, 방 안은 안개처럼 흐릿했지, 사람들은 모두 굶주린 건 사실이야, 모두 덩어리 채 엎어 굽고 있었지, 세상은 석쇠처럼 달아 있었어, 하늘 아래 푸른 초원을 꿈꾸며 걸었던 저녁이었지, 풀처럼 낮게 울며 수레를 끌었던 거야, 되새김한 노을은 자꾸 개미의 젓가락이 되었어, 한 옴큼 쥔 코뚜레는 군침만 돌았지, 그때 옹기 깨뜨린 소리가 와작와작 들렸어, 하지만, 출생이 없는 멍에는 무겁고 가혹한 일이었어, 어쩌면 좋니? 그러니까 낮게 더 낮게 어깨를 뒤집으래, 사람들은 이쪽도 저쪽도 덩어리 타며 연기만 피워 올렸어, 낟알을 알고부터 함께한 덩어리, 좌표를 그리며 나아갔던 덩어리, 동굴을 안식하며 연기를 피웠던 덩어리, 창과 방패로 세상을 엮었던 덩어리, 노릇노릇 익는 밤은 절대 즐겁지만은 않았어, 논둑을 걷는 소처럼 덩어리 채 엎었어.

이방인과의 대화

소파가 낮아 작은 베개 하나쯤 놓고 누워 있고 싶었다 문이 자주 열리는 이곳은 마냥 구름도 없고 비도 없는 노출 콘크리트 카페, 바닥과 천정 모두가 일색, 거기다가 철재로 이룬 각종 자재까지 단단해서 더 멋있게만 보이는 곳, 자꾸 볼수록 눈만 피곤해서 백혈병 환자처럼 숨쉬기가 어려웠다 함께 온 선생은 아메리카노를 주문했고 나는 거저 바라보았다 불빛에 빨대까지 시커먼, 속 시원히 칠하고 만 이 친목, 포만감은 만끽해도 존재감은 없었다 선생은 흩뜨린 자세까지도 놓치지 않으려 했다 쭉쭉 다 빼 올린 염원의 실밥, 빈 잔에 덩그러니 놓였다 더는 문 열지 않았다 콩은 다시 볶아야 했고 소파는 더욱 낮아서 베개만 툭 던져 놓았다

용자불구勇者不懼

용자는 눈물샘에 아주 그냥 서 있었습니다 좀 치워 바퀴벌레가 날아다니잖아! 단호했습니다 고양이털이 수북이 뭉쳐 굴러다니는 바닥은 늘 아름답습니다 청소 좀 하고 살어, 이게 뭐야 파지의 해골바가지들 푹 파인 구멍은 거미줄로 엉겨, 산 흔적이 살아갈 허공을 당기고 있었습니다 용자는 풍경이 피어오를 때 더 순수합니다 전등에 몰려든 나방을 보며 허옇게 떨어진 가루와 수초더미의 그 눈물샘이 퀴퀴한 곰팡내로 피어오를 때부터 불구의 시작인 셈이죠 털 하나를 쓸어버리면 하얀 뿌리가 보이고 그 뿌리에서 돋아나는 털 하나가 있고 뿌리를 말끔히 씻으면 이미 버리지 못한 숲이 울창해서 더욱 더 슬픔 봄만 있을 뿐입니다 패배자의 흡입기에 쑥 말아먹는 그 좁은 방, 눈알의 바깥은 계절을 접고 다시 펼 때는 이미 겨울입니다 다만 용자불구만 나 대신 어두운 방에서 홀로 눈물 뚝뚝 흘리며 서 있습니다

장엄한 노을

은하수 통째로 들어왔어 그간 메말랐던 호수에 별 총총 나열한 세계는 나목으로 밤하늘 그리는 거야

북극성을 토대로 시계방향으로 움직이는 별은 늘 왼쪽 세계를 닫아놓지 닫은 세계를 본다는 것은 먼저 아픔이 일어

오작교 바라보는 목멘 울대가 멍에로 서니깐

때론 구름이 앞을 가리고 한줄기 비라도 내렸으면 하지 하지만,

별은 그대로 있었다니깐 마치 나목은 그대로 서 있듯 바람만 귀싸대기 때리고 가는 거야

허공에 뜬 낡은 골목은 끝까지 지우면서 말이야

그렇게 일식처럼 지나 간 하루였어,

숲 속만 걸었던 장엄한 노을은 나비의 꿈,

춘추는 별들의 궤적을 더듬는 비행, 그 비행의 끝은 이별을 위한 묵언이겠지 결국, 훨훨 날아가는 공터뿐이야

누더기로 둘둘 말은 꽃의 예행은 출정에 앞서 상여를 끌며 온몸으로 은하수 건넜어

고무줄

느슨한 하루를 꽁꽁 묶는 것

하루가 고무줄처럼 기도하며 하얀 구름을 묶는 것

묶은 구름으로 묶을 수 없는 구름을 바라보는 것

한 봉지의 비애를 시원히 묶어 다시는 풀 수 없도록

연주자의 음

연주자가 더기의 악기를 든다 더기의 문을 연다 푸른 하늘 본다 구름은 구름을 몰고 구름처럼 피었다가 간 세상, 그곳엔 쿠스코의 비옥한 땅을 향한 잉카의 숨소리가 있었다 연주자는 연주자의 눈빛을 바라보며 악기를 들고 연주한다 검은 지휘자 스페인 군단이 지나간다 지휘한다 돌로 만든 성벽과 계단은 붉은 피로 튀어 오른다 대형 스크린은 사라진 광장을 띄우고 연주자의 모습을 본다 진두지휘한 눈빛은 총과 칼에 맞선 문명을 척살하고 슬픈 곡조로 파도를 탄다 극렬하게 저항한다 무참하게 무너진다 태양의 신전 주춧돌과 벽은 사라진다 귓바퀴에 맴도는 바람은 계단을 만들고 파도는 관중석에 앉은 산과 바다와 계곡과 밤하늘에 뜬 별과 별을 이으며 흐른다 눈물이 흐른다 지나온 세월이 흐른다 색동옷 곱게 입은 옛 영광이 흐른다 연주자는 밤하늘 바라보며 높은 곡조로 힘차게 차고 오른다 정복자의 저녁이 붉게 타오른다 검독수리가 하늘을 날고 눈물은 바닥을 적신다

잎새

저녁이 문을 당겼다 소한은 지나갔고 개나리는 아직 일렀다 지난 봄날에 늘어뜨린 버드나무 가지 하나가 연못에 띄워져 있었다

계절이 떨어 낸 잎사귀를 밟으며 지저귀는 새들의 합창소리가 한창이었다

길은 비웠고 연못은 말갛게 겨울을 이기고 있었다 작은 잎사귀 하나가 파문을 일으켰다 꽁꽁 언 바닥에 조금도 나아가지 못했다

계절은 빨래집게처럼 그 한 잎을 물고 있었다 새들만 창공을 날았다

떡볶이 한 접시

출출해서 한 젓가락 집은 밤,
보기만 해도 붉은 떡볶이 한 그릇
고이 담아 줍니다 잠깐, 시원한 물 한 잔은 갖다 놓으셔야 해요
첫맛에 매워 끝까지 드실 순 없을 거예요
쫀득한 한 문장 입안에 넣고 뭉근하게 씹어 보세요
매콤한 알들이 톡톡 터지면서 혀를 장악해 들어갈 겁니다
미각이 살아 두각을 드러낸다면
그땐 아주 출출해서 한 접시 다 비울 순 없을 거예요
붉게 타오르는 감각은 깨끗이 지우면서 교각을 이어요
핑 도는 눈물과 쭉 뻗은 다리가 바들바들 떨 때에
떡은 물고 이는 맞물려서
척
척

다음 날은 만두를 먹어요

돌멩이

돌멩이가 날아들 때에 귀는 죽어간다
바람이 몹시 부는 날,
누가 던진 돌멩이에 창문이 깨지면
안에서 박수를 칠 것 같고
우유만 드셨던 어머니가 구태여 일어서서
깨진 유리조각을 모아 반창고를 바르시겠다
차돌박이 같은 그 돌멩이 하나가
내 머리 위로 지나갈 때
자리에 일어나 입은 옷 한 장씩
벗어 놓겠다 그리고
시원한 물 한 잔 마시겠다 그리고 자리에 누워
하늘을 보면

오늘은 비가 왔고
내일도 모레도 죽죽 비만 내렸으면 좋겠다

젓가락으로 찌개를 먹는 사람은 싫다

밥에 곁들여 먹는 반찬 중에 그래도 찌개만한 것은 없다 갖가지 재료가 들어간 한국형 식단, 그중에서도 찌개는 얼큰하고 때로는 바특하고 때로는 삼삼해서 숟가락으로 호호 불어가며 떠먹는 것은 정이다 젓가락은 너무 이기적이다 젓가락처럼 무미건조해서 젓가락은 왠지 계산적이다 때로는 국물도 흐르고 때로는 바지에 묻어서 냄새로 서 있는 모습이 나도 모르게 흐르는 찌개, 가끔은 얼룩처럼 완벽하지 않아서 주위 웃음을 자아내는 찌개, 정신없이 숟가락으로 퍼먹다가 아줌마 여기 밥 한 공기 더 주세요 정말 밥 한 공기 생각나는 찌개, 냄비 뚜껑 여는 냄비 받침대처럼 눈알 쏙 빠지게 하는 찌개, 그런 따뜻한 찌개를 젓가락으로 쏙 빼먹고 가는 사람은 싫다 나는 오늘도 숟가락으로 정신없이 남은 국물에다가 밥 넣고 석석 비벼 먹고 나왔다 인주처럼 쿡 찍어 놓은 입 언저리에 묻은 얼룩은 정말 나의 참된 모습이다

꽃 삼월에

지금 너는 나를 보고 있어, 마냥 한때 꿈인 것처럼 지금 흐르는 이 강물이 바다에 이르면 모두 증발할 거야 그때까지 조금 시간은 있겠지 3분, 아니 30분이 되었든 그건 나의 영원한 시간이고 너는 점차 해방이 되겠지 아니면 감옥에 있든가 인상 쓰지 마! 부드러운 손길이잖아 흔적을 지우는 건 악몽일 거야 바깥을 척살하는 일도 아예 불태워버렸던 네 꼽추까지 어쩌면 네 꿈을 위해 태어난 것뿐이라고 위안했지 소통이 안 되는 건 현실과 깨뜨릴 수 없는 벽이 나를 에웠기 때문이잖아! 더는 빨지 마 됐어 구부릴 수 없었던 새벽은 결국 퉁퉁 불었잖아 육교는 곧 무너지겠어 오롯한 무덤은 그 어떤 치욕도 덮을 순 없었으니까 아 아프다니까 이 찢어놓는 고통에서 너는 웃고 있지 햇볕이 너무 강해 너무 깊어 이미 죽은 친구들이 흐르고 있잖아 이제는 가야겠어 곧 꽃 삼월이야 이미 피었으니까

토스트 2

빨간 입술이 기어코 포크를 들고
남은 빵조각을 마저 집는다
좀 삐딱하게 앉아 조금 불어난 배를 숨기고
눈알이 빠지는 줄 알았다

악수

사채업자 지나가고

다단계라면 안 해본 것 없는 모 씨 또한 지나갔다

신종 투자방안이 새로 떴다고

거북이 발걸음에

다들 멀뚱하게 있다가 호박이 아니라

대박도 이런 건 없을 거라고

소주 한 잔씩 기우는 마당,

세상은 우울하고 풀잎의 노래가 밑바닥 서성일 때

정말이지 죽으라는 법은 없었다

다만, 한 세상을 보는 것도 명암이 엇갈리는 곳에서 꽉 닫아 놓는 그 문턱 하나를 어찌 넘기느냐가

참 쉽게 넘기는 술 한 잔보다 우스운 일 아니냐

비틀거릴 것도 없고 대리운전 불러 옆 좌석 앉아

무뚝뚝하게 바퀴만 모는 불혹만 보다가 앞도 슬쩍 보다가

황사 낀 하늘에도 달 하나만큼은 참 하게 떴다는 것

동네 다 도착하고

돈 이만 원 곱게 펴서 그 위에 명함도 한 장 얹으며

피식 웃으며

사는 건 대수롭지 않은 것도 있어

꿋꿋하게 서 있자고

잘 도착해서 서로 고맙다고

보이지 않는 달까지 웃고 있는 건만 같았다

고독

여러 사람이 앉았습니다 한 사람이 일어서서 밖으로 나갑니다 다시 한 사람이 들어와 자리에 앉습니다 차를 주문하고 차를 마십니다 아까 나갔던 한 사람이 다시 들어옵니다 자리에 앉습니다 머리를 흔듭니다 탁자가 흔들리고 잔이 출렁거립니다 한 사람이 앉아 있고 다른 모든 사람이 밖으로 나갔습니다 차는 혼자서 마시다가 빈 잔을 놓아둡니다 한 사람이 마저 밖으로 나가 버립니다

탈고하는 날

이 원고를 탈고한 오늘은 20년 2월 20일이다. 날씨는 꽤 맑았다. 보험회사는 전 FC에게 문자를 보냈다. 오늘은 출근하지 말며 각각 활동에 임하라는 문자였다. 신종 코로나 확진자가 대구에 나왔다는 것과 그 전파 경로가 너무 파격적이었다. 신문과 뉴스는 코로나로 도배했다. 결국, 오후, 청도 모 병원에서 확진자로 보이는 환자가 첫 사망했다는 뉴스까지 떴다. 거리는 정말 영화에서 보는 좀비 같은 세상을 표현하듯 차가 한산했으며 사람은 없었다. 그나마 다니는 사람은 온통 마스크였다. 어느 집 가게든 텅텅 비었고 문을 닫을 수는 없기에 불만 켜 있었다.

나는 종일 그러니까 아침 7시부터 이 원고를 마감하기 위해 글을 다듬었다. 다 다듬은 이 글을 내가 자주 가는 출판사에다가 링-제본을 맡겼고 오후에 찾을 수 있었다. 출판사 대표께서도 온종일 조용했다며 마스크를 낀 채 말하고 있었다. 나는 무슨 배짱인지 마스크는 끼지 않았다. 오로지 신맛이 우러난 드립을 한 잔 마셨다. 출판사에 갈 때도 커피 한 잔 내려 갖고 갔으며 여기서 찾은 링-제본을 들고 조감도에 가 읽을 때도 커피만 내내 마셨다. 우리 직원들도 두려움에 젖은 눈빛이었다. 박 씨와 김 선생께서 가게를 보았다. 나는 박 씨가 청도에 첫 사망자가 있었다는 말에 코로나 관련 소식을 알게 되었다. 나는 거저 자리에 앉아 이 링-제본만 읽고 수정해 나갔다.

그러던 중, 청도 가비 점장께서 오셨다. 오늘 사람 한 사람도 다니지 않았다고 한다. 정말 큰일이라며 얘기하셨고, 동네 떠도는 이야기를 들려주고 가셨다. 공무원들은 출근하지 않았다는 얘기와 31번 환자와 또 60번 환자의 상태와 동태 및 접촉한 사람은 또 어떻고 말이다. 그러면서도 여기 커피는 왜 이리 맛있냐고 한 말씀 주시기까지 했다. 오늘 내가 보아도 맛이 꽤 있었다. 점장님은 한 시간 좀 앉았다가 가셨다. 또 읽기 시작했다.

한참 읽었을까! 김 선생께서 저녁 먹었느냐며 물었다. 먹지 못했다. 오늘 먹은 것은 점심시간 좀 지나서 아마 집에서 밥 한 공기 먹은 게 다였다. 김 선생은 두부를 따뜻하게 데워 한 접시 내어 주셨다. 김치와 파래무침과 양념장이 있었다.

저녁에 다시 문자가 떴다. 보험회사 단톡이었다. 내일도 출근하지 말라는 문자였다. 이틀이나 출근하지 말라는 문자다. 정말 심각한 수준임을 느꼈다.

나는 이 원고를 다 읽고 수정한 링-제본을 들고 다시 본부로 향했다. 따뜻한 난로가에 앉아 이 글을 수정하며 오늘 일정을 마친다.

사실, 부끄럽기 그지없다. 일이 많고 신경 쓸 게 너무 많은 가운데 언뜻 떠오른 생각에 책 한 권 급히 만든 것이다. 올해 들어와 책을 만들겠다고 내내 생각하다가 몇 주 전이었지 싶다. 한 편의 시와 곁들여 한 편의 글을 쓰면서 나를 표현하겠다고 마음먹었으니까! 이렇게 쓰기 시작한 글쓰기가 순간 마치게 된 것이다. 그간 써놓은 게 너무 많아 추려 또 간추려서 군말로 엮은 셈이다. 시작이 반이라는 말이 영 틀린 말은 아니다. 한 권은 이렇게 마감했으니까, 그래도 좀 더 두고 좀 더 깎고 수정이 요함을 나는 안다. 그러나 마음은 그럴 수 없음에 이리 또 급히 내는 것이다. 삶은 오늘 주어진 것이 다일지도 모르니까.

정말 밤잠 설쳤다.

나중에 수정이 필요할 때 다시 다듬겠다.